JN116744

［改訂版］

簿記
スタートブック

鈴木大介・藤野真也
寺本佳苗・森田龍二 ［著］

創 成 社

まえがき

　本テキストは，資格試験対策を主目的としたものではなく，大学生や転職をかんがえている社会人で，簿記を学習したことのない者を読者として想定している。初学者向けテキストの多くは日商簿記3級をターゲットとし，その範囲が網羅されている。しかし，本テキストは，たとえば商品有高帳や仕入帳といった論点には触れないし，借方や貸方といった用語も使用しない。総勘定元帳での相手勘定の記入についてもさしあたり気にしない。それほど重要と思われない論点に戸惑い，簿記を嫌いになる学生を多くみてきた経験から，まずは本質的に重要とされる最小限の論点をしっかりと学習し，そのうえで，形式的な簿記のルールを覚えればよいと考えているからである。

　本テキストの特徴は，単なる簿記のマニュアルではなく，簿記のルールの背後にある考え方を，なるべく専門用語を使用せずに記述している点にある。著者のなかには，日商簿記3級から1級までの資格を，独学で習得した者がいる。その動機は，単純に金銭的な余裕がなかったためであるが，そうした遠回りとなる独学をつうじ，単純にルールを記憶するのではなく，"考える習慣"という副産物を得た。そうした経験は本テキストに大きく反映されている。たとえば，他のテキストには，特段の解説もなく，実務的な事実としてルールを記憶させようとするものがあるが，本テキストではすべてにその根拠がしめされている。もちろん努力なしに理解できるほど都合のよいテキストではないが，独学でも十分に学習可能な内容となっているはずである。

　こうした特徴は，冒頭から，勘定科目といわれる用語を使用せずに簿記の全体像を俯瞰することにも表れている。こまかい用語を気にして全体像の理解ができないと，学習が進むにつれて挫折する可能性が高い。ここでは，小難しい専門用語を記憶することそれ自体ではなく，簿記の本質を理解してもらうことに主眼がある。資格対策だけではなく，論理的な考え方も理解してほしいという思いから，大雑把な流れを理解し，基本的な仕訳といわれる操作に慣れたうえで，詳細な論点を学習するという流れを採用している。とくに期中取引と決算整理を厳密に区別した構成は他のテキストにはない特徴であろう。そうした遠回りにみえる学習により，比較的，知識の定着が容易であることを体感していただければと思う。

　本テキストについては，鈴木大介の YouTube チャンネル（https://www.youtube.com/c/鈴木大介）に筆者による授業動画を閲覧可能な状態にしておく。大学の授業で反転授業をする際に利用していただければ幸いである。

2021年4月

筆者を代表して

鈴木大介

改訂にあたって

　このテキストは，大学生を始め，簿記に興味があるけどよくわからないという方をターゲットにしています。おおよそ初学者向けテキストの多くは，日商簿記3級を念頭に，簡潔に説明されています。さらっと書かれているので，わかりやすそうだと感じるかもしれません。それに対して，本テキストは，簿記の本質を習得してもらうことが目的で，単純に日商簿記3級に合格すればよいという意図で書かれてはいません。ですので，やたらしつこく説明する部分があったり，かといって，「借方」や「貸方」といった用語を慣れるまで使わなかったり，総勘定元帳での相手勘定の記入といったルールを無視したりしています。重要と思われない論点に戸惑って，簿記を嫌いになる学生を多くみてきましたので，まずは本質的に重要とされる論点をしっかりと学習してもらいたいからです。上っ面の知識ではなくて，いわゆる簿記の本質を理解してもらいたいのです。

　このテキストの特徴はいくつかありますが，一番大きいのは，各章の担当教員が解説動画を公表しているところです。具体的には，「鈴木大介」のYouTubeチャンネルを検索してください。そこで，コメントすれば，担当教員が返信してくれるはずです。また，勘定科目といわれる用語を使用せずに簿記の全体像を最初に外観するところも特徴的です。こまかい用語を気にして全体像の理解ができないと，つまらなくなって学習をやめてしまいますよね。さらには，外形的で本質でない論点を後回しにしている点も他のテキストとは異なります。簿記の本質が理解できれば，おおよそ，形式的な問題は，独学でも対応できます。最後は，徹底的に，期中取引と決算整理を分けた点でしょうか。まずは全体像を概観し，基礎的な期中取引に慣れたあとで，ちょっと難しい取引を学習し，その後で，決算整理という抽象的な論点を学習します。こうした特徴は，効率的な学習順序を模索した結果です。あとは，みなさんのやる気があれば，より強固な簿記の基礎を習得できるはず！

　がんばってください!!

　なお，創成社の落合優里様には，細かい修正まで大変お手数をおかけしました。関係する創成社の他の方々と同様，心より，感謝申し上げます。

2023年4月

筆者を代表して

鈴木大介

目　次

---— 第1章 ———

簿記を勉強しよう

　この章は，簿記の中身をみる前に，簿記の大切さを確認してもらう章です。

（1）世の中での，簿記の立ち位置を確認
（2）簿記を学習すると何がよいのかを確認
（3）これから学習する貸借対照表と損益計算書を，事前に暗記

　簿記という名前は「帳簿記入」の略で，会社の成績表を作る技術のことです。簿記は，現在，法律にもとづく社会的な仕組みとして，すべての会社でおこなわれていますが，歴史は古く，13-14世紀のイタリアで生まれたといわれています。当初は，家計簿のようなものだったようですが，その発展とともに，会社の状況を表現するのに簿記が有効であると認識され，社会的なルールとして実践されるようになりました。現在では，個人商店から大企業にいたるまで，あらゆる国の会社が簿記を実践しています。みなさんも，有名な会社の利益が増加したとか減少したとか，粉飾決算や不正会計があったとか，簿記に関するニュースを，一度はみたことがあるでしょう。簿記は，ビジネスマンの重要な関心事のひとつなのです。

　すべての会社で簿記が行われているのは，会社法という法律で要求されているからです。では，なぜ法律はそれを要求するのでしょう？　それは，重要だからです。トヨタとホンダはどちらがよい会社か？　実はホンダよりスズキが・・・といった話は，簿記の知識なしで議論できそうもありません。自分の会社はどうあるべきかを議論するには，まずは会社の現状を知る必要がありますが，簿記の知識なくしてそれをしっかりと把握することはできないでしょう。どこから会社は資金を調達すべきか？　保有する資金をどういった用途で使用するのか？　こうした問いは，ファイナンスの主要な関心事ですが，やはり簿記の知識がなければ現実的な議論はできません。

　一方で，就職活動で，簿記の資格が役に立つという話を聞いたことがあるでしょう。エントリーシートに簿記の資格保有者であることを記載すればそれだけ有利に評価されるはずです。すべての会社が簿記をおこなっているといいましたが，それは，すべての会社が簿記の知識を必要としているということですよね？　簿記の知識を有する人材に対するニーズが会社にあることは明らかです。公認会計士や税理士といった簿記のエキスパート

1

が社会的に存在していることもそうですが，簿記を習得すれば，人生の可能性が広がるのは間違いないでしょう。そもそも，会社がどのような取引をしているのか具体的にイメージできますか？　簿記の学習を通じてそうした取引を具体的に学ぶこともできます。どうです？　簿記を学習しなくてよい理由はありますか？

　たしかに，最近，AI 技術の進歩にともない，簿記の学習は不要という話を聞いたことがあるかもしれません。技術の進歩により，人間がおこなっていた作業を技術がやってくれるからだそうです。しかし，電卓やパソコンで計算できるのに，みなさんは数学を勉強していると思いますが，なぜでしょう？　いうまでもなく，計算の仕組みを理解していなければ，計算結果を理解できないからですよね。簿記も同じです。実際の作業自体は技術に任せればよいのですが，その結果を解釈するには，本質的な簿記の仕組みを理解していないといけないわけです。

　もちろん，学習には時間がかかります。簿記が難解で，時間を使っても理解できないのなら，最初から学習しないという判断もありえます。しかし，幸いなことに，簿記の仕組み自体は合理的かつシンプルです。ただし，仕組みが簡単だからといって，実践することも簡単というわけではありません。ホームランを打ったり，柔道で背負投げたりするのが難しいのと似ています。理屈は難しくないのですが，実際にやろうとすると難しいことってありますよね。スポーツの練習と同じで，簿記も，つまらない基本的な作業が要求されます。このテキストでは，できる限り，そうした，つまらない作業をなぜやるのか，どういった意味があるのかを説明しています。継続して学習すれば，ふと簿記が "わかる" ようになるはずです。そのためには，厳しいようですが，少なくとも，"何もせずに何かをえようとするのは無理がある" ことは理解しておいてください。簿記の学習は "積み重ね" の要素が多分にありますので，主体的に取り組まないと途中で挫折します。さあ，まずは，下のふたつの図を 10 回書いて暗記してみましょう[1]。次章から，この図の説明が始まります。

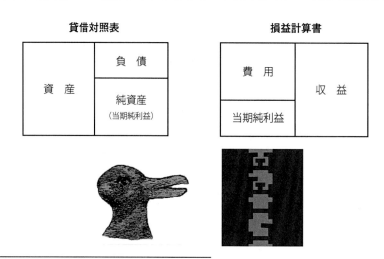

1 ）http:www.brl.ntt.co.jp/IllusionForum/basics/art/index.html。左図はふたつの動物を知らないと正しく理解できないトリックアートで，右図は，向きを変えたり，見方を工夫すると読めるトリックアートです。なぜ，ここで，このようなアートをみなさんにみてもらったのか，わかります？　学問を学ぶ意義を知ってもらえたらいいなあと思います。

簿記の定義と財務諸表のイメージ

　簿記を理解するには，まず「会社とは何か」を理解しておかなければなりません。その
うえで，簿記の定義と目的を確認します。ここで理解しなければならないのは，現代の簿
記は，会社がおこなうすべての取引を，異なるふたつの側面からみるということです。こ
れをストックとフローと言います。このふたつの概念から，簿記のふたつの書類である貸
借対照表と損益計算書，さらに，それらを結びつける利益について学んでいきます。

（1）そもそも会社とは何か
（2）簿記の定義と目的
（3）ストックとフロー
（4）貸借対照表と損益計算書のイメージ
（5）貸借対照表と損益計算書の関係と当期純利益

2.1　そもそも会社って？

　簿記の学習をはじめるまえに，そもそも会社とは何か，そのイメージをもっておきたい
と思います。ここで理解しておくべき点は，次の4つです。それぞれについて，詳しくみ
ておきましょう。

（a）会社は**財産**を持っている。
（b）通常，会社にお金を貸付けている**債権者**がいる。
（c）**会社の所有者**がいる。
（d）**お金が動く取引**を会社は日常的におこなっている。

　（a）については，実際に目でみて理解することができるので，わかりやすいと思いま
す。ほとんどの会社は「土地」や「建物」や「情報機器」といった目にみえる財産を所有
しています。会社は，これらの財産をできるだけ効率的に活用し，人々が「買いたい！」
と思うような価値のある商品やサービスを提供できれば，お金を儲けることができます。
特に，その会社しか提供できないような，独特の商品やサービスであれば，高い値段で販
売し，より多くのお金を儲けることもできます。すると，さらによい商品やサービスを開

発し，従業員に高い給料を支払うことができるでしょう。また，お金を貸してくれた銀行に対して，利息の支払いを通じて恩返しをすることもできます。このように，お金を儲けることは，顧客に満足のいく商品やサービスを社会に提供し，また従業員や出資者たちの生活を支えるために，とても大切なことだと言えます。

（b）についても，会社が必要なお金の一部を借金によって調達していることは，皆さんもご存知だと思います。銀行は，会社にお金を貸付け，利子をえています。こうしたお金の貸し手を，会社からみて"債権者"といいます。ここでいう，**債権**とは，将来，お金をもらう権利をさします。債権者は，会社にお金を貸付けています。これを言い換えれば，将来，お金を返してもらう権利（債権）をもつことになります。この場合，会社は"債務者"となり，将来，借りたお金を返済する義務（債務）を負うことになります。**債務**とは将来，お金を支払う義務をさします。

（c）については，日常の感覚では少しイメージしづらいかもしれません。実は，会社というのは，法律上，必ずだれか別の人に所有されています。つまり，会社には"所有者"がいるわけです。所有者というのは，債権者のように会社にお金を貸付ける（債権をえる）のではなく，お金を会社に託してくれた出資者，すなわち，会社の**所有権**を獲得した者をさします[1]。株式会社において，会社の所有権は，特に株式とよばれます。つまり，株式を所有する者は，"株主"として会社の所有者となります。ちなみに，会社は，債権者にお金を返済する義務はありますが，所有者には，お金を返済する期限もなければ義務もありません。これはのちに大きな違いをもたらすことになります。

（d）については，スーパーや飲食店といった，一般的な"会社"をイメージすればわかりやすいでしょう。スーパーは，商品を仕入れる際に，お金（代価）を取引先に支払います。さらに，仕入れた商品を顧客に販売することで，お金（対価）を受取ります。また，従業員を雇うさいにも給料としてお金を支払っていますし，商品販売に必要な設備や備品もお金で購入しています[2]。一般的な会社は，日々，お金のからむ取引をおこなっているわけです。

では，ここまでの内容を，簡単に図式化しておきましょう。知り合いに20万円出資してもらって会社を立ち上げ，さらに銀行から10万円を借りて，30万円を元手に事業活動を始めたとします。これを簿記では次のように表現することができます。

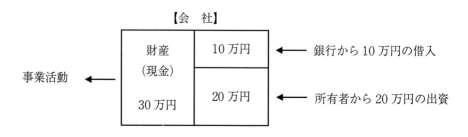

1）一般には，自分でお金を運用するよりは，他人（会社）に運用させたほうが儲かると考えてお金を託します。
2）後述するように，本テキストで想定される会社の主たる取引は商品の売買です。こうした内容の分野は，一般に商業簿記と呼ばれます。

練習問題2－1

次の用語の“おおよそ”の意味を答えよ。

（1）財産：

（2）債権：

（3）債務：

（4）会社の所有者：

練習問題2－2

次の問いに答えるとともに，図を作成せよ（問題以外は考慮しない）。

（1）銀行から100円借入れ，所有者から200円の出資を受けて会社を設立した。会社は財産をいくら保有しているか。

（2）財産を200円保有する会社がある。銀行から50円借入をおこなっているとすれば，所有者からの出資はいくらと考えるのが自然か。

（3）設立時，財産を300円，所有者からの出資150円とすれば，銀行からの借入はいくらと考えるのが自然か。

（1）  （2）  （3）

補足説明：会社の所有者

　ここまでに，会社のイメージを（1）～（4）の4点を通じて理解してきました。なかでも（3）は，日常の感覚からかけ離れていて，わかりづらかったかもしれません。この点について，もう少し深掘りして，会社における所有者の意味を理解しておきたいと思います。

　たとえば，技術者であるA氏が，新たな商品を企画・生産・販売するための株式会社を設立したとします。A氏は会社をつくって事業を始めることを気軽に考えていましたが，よくよく考えると，アイデアを形にするには資金が必要になることがわかりました。まずは情報機器を揃え，従業員へ賃金を支払い，さらにオフィスも構える必要があります。そこで，最寄りの銀行を頼りに，借金の相談をしましたが，これまでに事業の実績がないという理由で，融資を断られました。そこでA氏は自分の貯金を使って，自分が作った会社の株式を購入することにしました。このときA氏は株主になりました。つまり，経営者であると同時に，会社の所有者（すなわちオーナー）になったわけです[3]。

3）オーナー経営企業は，自分自身や家族，親族に株式を購入してもらうことで，資金を調達することがよくあります。日本の株式会社のうち9割ほどを占める小規模な株式会社は，経営者自身が所有者であるオーナー経営企業の割合が高いです。

やがて事業が軌道に乗ると，A氏は自社の商品を改良しながら，新たなビジネスを展開したいと考えるようになりました。そこで，資金調達のために新規の株式を発行することにしました。すると，A氏のアイデアに共感する多くの人たちが，会社の株式を購入してくれました。A氏は，その資金を元手に，従業員を新規採用し，性能の高い情報機器に入れ替えました。さらに，新たなビジネスのための研究開発をおこない，販路拡大のための海外展開を始めました。

事業が拡大するにつれ，これまでとは違い，A氏は「経営者」として判断をしなければならない局面が増えてきました。事業は順調に進みましたが，好きだった「技術者」としての楽しみを追求することはできなくなってきました。そこでA氏は，経営のノウハウを持つ専門家として，B氏を経営者として任命することで，自らは技術者として会社に関わろうと考えました。このようなA氏の判断を，多くの株主も支持したので，晴れてB氏が経営者に就任することになりました。このとき，オーナーとしてのA氏は，経営者ではなくなりましたが，依然として，会社の株式は持ち続けています。従って，この会社では，経営者と所有者が一致しなくなりました[4]。

B氏に経営者を交代してからは，会社経営に関する情報がすべてB氏に集約されるようになり，A氏を含めた株主は，会社の経営状況を直接把握することができなくなりました。しかし，所有者である株主は，会社の経営状態を把握しておかなければなりません。なぜなら株主は，そうした情報をもとに，株式を持ち続けるか，手放すかを選ぶ権利があるからです。そこでB氏は，所有者であるA氏や他の株主に対して，経営状態を適時適切に説明するために，簿記を用いて作成された"報告書"を公表することにしました。

このように会社は，設立から発展のプロセスにおいて，所有者と経営者が一致しない（分離していく）ことになります。今回は，ひとつの企業を例に説明しましたが，こうした変化は産業革命以降の長い歴史のなかで起きてきたものでもあります。会社という制度が発達するとともに，簿記の存在意義が明確にされてきたというわけです。

2.2　簿記の定義と目的

では，あらためて，身近にある会社を想像してみましょう。その会社がどれだけ財産を持っていて，どれだけ借金をし，どれだけ儲けがあるか，すぐにイメージできるでしょうか？　ひとめでわかるのは，建物や土地の規模や立派さ，車両の種類や台数ぐらいでしょう。そもそも，目にみえたものがその会社の保有する財産のすべてとも限りません。実際に会社をみただけで，会社の経営状況を把握するのは難しいものです。

仮に，会社の経営状況を周囲の関係者が理解できなければ，どうなるのでしょうか。銀行はその会社にお金を貸すでしょうか？　その会社にあらたに出資するひとはあらわれるでしょうか？　重要な取引はできるでしょうか？　もちろん，実態のわからない会社であれば，そうした契約は成立しないでしょう。銀行は，お金を貸付けるわけですから，あやしい会社とは取引しません。なぜなら，倒産すれば貸したお金が返ってこないからです。それは所有者にとっても同様で，出資したお金が無駄になることは避けたいはずです。し

4）これを「所有と経営の分離」といいます。

たがって，会社は自身の経営状況を周囲の関係者に伝達しなければ，積極的な経営活動を
おこなうことが困難となります。こうした状況を避けるために，会社の経営状況を正しく
伝達する手段が必要となります。それがつまり"簿記"なのです。

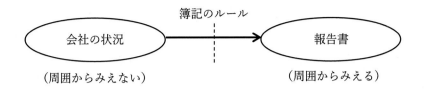

うまく会社を経営するには，会社の経営状況を周囲の関係者に知らせる必要がありま
す。そのための重要な手段のひとつが簿記なのです。とはいえ，何を，どのように，そし
て誰に知らせればよいのでしょうか。会社の状況といっても多くあり，たとえば株式市場
の株価もそのひとつといえるでしょう。また，顧客の満足度，従業員の人数，市場シェア
の規模，社会貢献度といった情報も該当するかもしれません[5]。ひとくちに会社の状況と
いっても，多くの側面がありえるわけです。では，簿記が示す会社の状況には，いったい
どのような特徴があるのでしょうか。

結論をいえば，簿記は"お金"に着目して，会社の状況を説明する点に特徴があります。
債権者とは，"お金"を会社に貸付けている主体でした。会社の所有者も，所有権を獲得
するために"お金"を出資していました。会社自体も，商品を"お金"で仕入れ，それ以
上の"お金"をもらうために商品を販売します。会社の保有する財産は"お金"で購入さ
れたものです。簿記は，そうした"お金（の流れ）"の詳細をうまく集計し，整理し，加
工することで，会社の経営状況を報告しようとするわけです。

お金の流れに沿って会社の状況を説明することで，会社の利害関係者（経済的に会社と
関係する者）も，必要な情報をえることができます。お金を会社に貸付ける銀行の関心は，
年々の利息の支払いと元本（借りたお金の価額）の返済が可能かどうかにあります。また，
会社の所有者の関心は，自身が託したお金がどのように運用され，最終的にどれだけのお
金を稼ぐかにあります。そもそも会社は，一般には，お金を儲けるために存在しているの
だから，そうしたお金を管理するための技術は，会社にとっても必要だといえます。利害
関係者も，日々，自ら監視することができない会社から，簿記の技術にもとづいた"お金"
に関する報告をうけることで，会社の現状を把握することが，可能になるわけです。

ここで，あらためて簿記の正確な定義を確認しておきましょう。簿記とは，"会社のお
金（の流れ）に着目し，経営活動を一定の記帳方法で記録・集計・計算・整理するための
技術であり，報告書を作成するための手続・ルール"です。簿記によって，会計担当者は
会社の日々の活動を正確かつ継続的に，記録・計算し，整理し，**一定時点**における会社の
財政状態と**一定期間**の会社の経営成績を明示できます。そして，それらを外部の者に示す

5）会社が報告しなくともわかるものもあります。たとえば，株価は新聞等で，市場シェアについてはビジネス
　誌で特集されることもあります。

ための**報告書**が作成されることで，簿記の目的が達成されることになります。

2.3　ストックとフロー（浴槽の湯量とお小遣いの計算）

　簿記の目的は，会社の状況を説明するための報告書を作成することにあることがわかりました。では，この報告書は具体的にどのようなものなのでしょうか。その内容を理解するには，簿記の本質に関わる，ふたつの概念を確認しておく必要があります。ここでは，まず具体例を通して，イメージを持っていただきます。

　いま，浴槽にお湯が 100 リットルたまっています。これに，お湯を追加したところ，30 分後には 150 リットルになりました。なんとなく，お湯のたまり具合が遅いと感じたので，調べてみると，栓が傾いており，お湯がもれていることに気がつきました。お湯は 30 分間で 210 リットル浴槽に流れ込み，160 リットルもれていたとします。この現象を，ふたつの異なる視点から考えてみましょう。

　最初の時点でお湯は 100 リットルあり，30 分後の時点では 150 リットルたまっていました。このような "**ある一定時点**" における量は，特定の一定時点における "**ストック**" と表現されます。まずは，二時点のストック（最初と最後）の差から，30 分間の湯量の増分が計算できます（150 − 100 = 50）。

　他方，この増分は，浴槽に流入した 210 リットルと流出した 160 リットルの差額として計算することもできます（210 − 160 = 50）。この "**ある一定期間**" における湯量の変化を，一定期間の "**フロー**" といいます。ストックが一**時点**の概念であるのに対して，フローは一定**期間**の概念であることに留意しましょう。どれだけ湯量が変化したのか，ストックとフローのふたつの方法で計算することで，検算（チェック）にもなります。

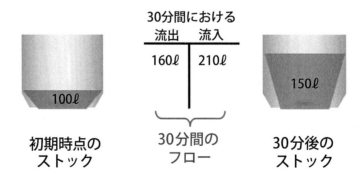

　このように，ストックの差額はフローと同じ値になります。このような，ふたつの概念の関係を，今度はお金に関する事例で考えてみましょう。まず，4 月 1 日時点で，現金 10,000 円を保有していたとします。その後，4 月 30 日時点では，現金 20,000 円を保有していたとします。これより，4 月 1 日のストックは 10,000 円で，4 月 30 日のストックは 20,000 円と表現でききます。ここから，お風呂の例と同様に，1 カ月間の増分が 10,000 円であったこともすぐに計算できます。しかし，ストックの差額だけで，現金が 10,000 円増加した理由がわかるでしょうか。じつは，2 時点のストックを比較しても，増減の額は

わかるものの，増減の理由までは説明できません。

そこで，さらに調べてみると，1カ月間のバイト収入が 60,000 円で，同じく1カ月間の食費支出が 30,000 円，遊び代支出が 20,000 円だったことがわかりました。これらの金額は"1カ月間"の情報，すなわちフローであることに留意しましょう。これをもとに，1カ月間の増分 60,000 −（30,000 + 20,000）= 10,000 円を計算することができます。もちろん，これは先のストックの差額と同じ数値となりますが，フローの情報により，1カ月間のストックの増分がどのような理由によって生じたのかがわかるでしょう。これらの点は，次にみる会社の報告書（貸借対照表と損益計算書）の本質を示しています。

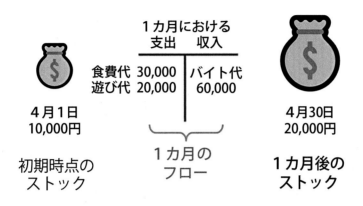

練習問題2－3

次の問いに答えよ。
（1）時給 800 円，通帳残高 1,000 円の情報は，それぞれ，ストック，フローのどちらか。
（2）最初，浴槽に2ℓお湯がたまっていた。一定時間のうちに，5ℓのお湯が浴槽に入り，2ℓのお湯が流れた。浴槽のお湯はどれだけになるか。
（3）最初，浴槽に xℓ お湯がたまっていた。一定時間のうちに，3ℓのお湯が浴槽に入り，1ℓのお湯が流れた。浴槽のお湯が5ℓだったとすると，最初のお湯 x は何ℓか。
（4）5月1日に，金庫の中を調査したところ，現金が 200 円保管されていた。5月には，100 円で商品を仕入れ，それを，顧客に 300 円で売却したのみである。5月 31 日の時点で，金庫の中にはいくら保管されているはずか。

2.4　貸借対照表と損益計算書のイメージ

これまでの内容をふまえ，前述の報告書の本質にふみ込んでいきたいと思います。ただし，その前に，いくつかの重要な用語の意味を確認しておく必要があります。まず，会社は一定期間（たとえば1年間）ごとに報告書を作成しますが，この一定期間を特に**会計期間**といいます。そして，現時点に属する会計期間を**当期**といい，まえの会計期間を**前期**，あとの会計期間を**次期**といいます。また，会計期間の最初の時点を**期首**，最終時点を**期末**（**決算日**），期首から期末までを**期中**といいます。これらの用語は，以後，多用されるので，

正確に覚えておきましょう。

さて，会社は，その経営状況を利害関係者に伝達するための報告書を，各会計期間の期末に作成します[6]。この報告書を，正式には "**財務諸表**" といいます。財務諸表は4種類の表からなりますが，本テキストでは，もっとも重要な "貸借対照表" と "損益計算書" のみを取り扱います。まずは，これらの財務諸表の大雑把なイメージを押さえておきましょう。

貸借対照表とは，期末時点で，会社がどこからお金を調達し，そのお金を財産にどれだけ使っているのか（現在進行形である点に留意）を対比する表です。ある**一定時点**における会社の財政状態を示すもので，ストックの情報を提供します。

損益計算書とは，当期に，どれだけお金を稼いだのか，そのためにどれだけお金を消費したのか（過去形である点に留意）を対比し，その差額である当期純利益を示したものです。ある**一定期間**における，会社の経営成績を示すもので，フローの情報を提供します。

次図の左が貸借対照表で，右が損益計算書のイメージ図です。すでに本テキストで示していますが（2頁），正確に記憶していたでしょうか。これを正確に記憶する作業を怠ると，簿記の習得は望めません。くどいようですが，ここで改めてしっかり覚えておきましょう。

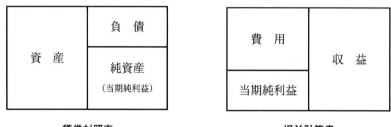

| 貸借対照表 | 損益計算書 |

上の図をみると，いずれも，中心から左右にわかれており，さらにそれぞれ片方が上下に分かれることで，いくつかのカテゴリーになっています。各カテゴリーの面積（または高さ）は金額を意味し，面積が広いほど金額は大きくなります。では，図にそって，それぞれの詳細をみていきましょう。

まず，貸借対照表は，資産，負債，純資産の大区分をもっています。**資産**とは，さしあたり，保有する財産の価額を意味すると考えておきましょう[7]。同様に，**負債**は借金の価額を意味し，**純資産**は所有者が出資した価額と考えれば十分です。負債は，将来返済しな

6）実際には，数カ月かけて財務諸表を作成し，報告します。
7）「価額」という用語になじみがないかもしれません。ここでは，お金を含む財産の価値に相当する金額と考えましょう。厳密には「価格」とは区別されます。

ければならない価額（将来，資産を渡す義務）を示し，純資産は返済の必要のない所有者からの出資の価額を示しています。4頁の図を参照すれば，より理解が深まるでしょう[8]。

　他方，損益計算書には，収益と費用，そして当期純利益の区分があります。さしあたり，**収益**は稼いだ価額，**費用**は消費（損）した価額であり，その差額として，純粋な儲けが**当期純利益**と理解しておきましょう[9]。収益や費用は目にみえる"モノ"ではなく，抽象的な概念です。従って，その差額である当期純利益も同様です。なお，収益＝収入，費用＝支出とは限らないことに留意しておきましょう。たとえば，以下の問いに対する答えはすべて No です。「負債の増加（銀行からの借金）によって生じた収入は会社が稼いだといえるか？」「純資産の増加（所有者からの出資）によって生じる収入は会社が稼いだといえるか？」「資産の増加（建物の購入）のために支払った価額は消費といえるか？」「負債の返済（銀行への返済）のために支払った価額は損といえるか？」簿記の世界では，これらによって，収益や費用が生じたとは考えません。

（練習問題２−４）

　次の用語の"おおよそ"の意味を答えよ。
（１）資産：
（２）負債：
（３）純資産：
（４）収益：
（５）費用：
（６）貸借対照表：
（７）損益計算書：

2.5　貸借対照表と損益計算書の関係と当期純利益

　次に，【設例２−１】をつかって，貸借対照表と損益計算書の関係を確認していきましょう。実は，これらふたつの財務諸表をつなぐ役割を果たすのが当期純利益です。当期純利益は，損益計算書において収益と費用の差額として計算されるものですが，前節のイメージ図で，貸借対照表の純資産にも"（当期純利益）"が記載されていたのに気づいたでしょうか。本節では，その意味を明らかにしていきます。

設　例　2−1

　期首に，千葉商店は資産15万円（負債10万円，純資産5万円）を保有していた。その後，期末時点で資産は20万円になった。期中では，あらたな負債の増加も，所有者から出資

---

[8] 2頁の図も前頁に記載された図もいずれも負債が純資産の上に位置付けられていることに注意してください。

[9] 厳密にいえば，収益とは，資本取引以外の，純資産の増加要因で，費用は，資本取引以外の，純資産の減少要因です。

もなく，下記のふたつの取引があっただけである。期首と期末時点のふたつの貸借対照表と，当期の損益計算書をひとつ作成せよ。

（1）資産10万円を，収益として受取った。
（2）資産5万円を，費用として支払った。

　設例2－1では，期首の一定時点における資産，負債，純資産それぞれの価額が明記されており，期首の貸借対照表は，問題の指示に従って，すぐに作成できるでしょう。ポイントは，期末の貸借対照表です。たしかに，期末の資産は，明示されているように20万円となります。また，負債の価額は増減がないことから，期首と同額の10万円です。問題は純資産ですが，まずはイメージ図に立ち返り，**資産＝負債＋純資産**という関係が成立することを確認しておきましょう。

　そもそも，貸借対照表は，お金をだれからどれだけ調達したのかと，そのお金を資産にどれだけ使っているのかを対比するものでした（10頁）。調達したお金で建物を購入したのであれば建物という資産があり，現金が余っているのであれば現金という資産があります。したがって，**貸借対照表の左と右の金額は一致しなければならない**わけです。そうであれば，資産が20万円で，かつ負債の増減がなければ，【設例2－1】の期末の貸借対照表は，負債10万円と純資産10万円（合計20万円）にならなければならないことがわかります。

　ではなぜ，ここで純資産が5万円増えるのでしょうか。出資がないのに純資産が増加するのは矛盾であると思われるかもしれませんが，そうではありません。期首の純資産5万円と期末の純資産10万円の差額（5万円）は，じつは，当期純利益です。すでにみたように，当期純利益は会社にとっての純粋な儲けでした。会社は所有者のものだから，会社の儲けは，所有者の儲けでもあります。したがって，当期純利益だけ，所有者の出資額を示す純資産の価額を増加させました。ここで，期中の追加出資を無視すれば，**期首純資産＋当期純利益＝期末純資産**という関係があることを理解しておきましょう。なお，実際の出資額に加え，当期純利益も純資産の増加要因になることから，"純資産は所有者の出資額である"という表現にかえて"純資産は所有者の持分である"ということもあります。

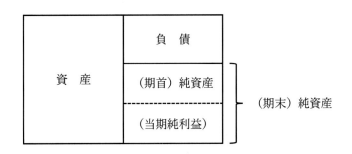

　前述の通り，期首と期末の貸借対照表を比較することで当期純利益を計算することは可能です。しかし，それだけでは，なぜ利益が生じたのかわかりません。たとえば1,000万円のものを1,005万円で売却しても，10万円のものを15万円で売却しても同じ当期純利益5万円が計算されます。この違いは大きいですが，ふたつの貸借対照表だけを比較したところで，純額としての利益の金額しかわかりません。そこで，利益が生じた過程を示す損益計算書が必要となります。

　ここで改めて，イメージ図から，**収益－費用＝当期純利益**という関係を確認してください。【設例2－1】では，期中に，ふたつの取引しかなく，（1）より収益が10万円，（2）より費用が5万円生じていました。収益と費用の差額から当期純利益5万円となり，これによって損益計算書を作成することができます。ここで，ふたつの貸借対照表の比較から計算される利益と，損益計算書から計算される利益が同額となることが，ストックとフローの関係から理解できたでしょうか。

【設例2－1】の貸借対照表における利益計算（ストック）

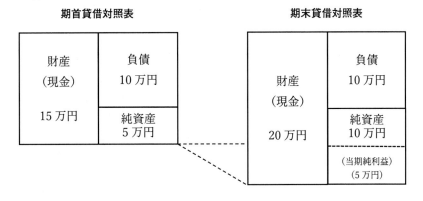

【設例2－1】の損益計算書における利益計算（フロー）

費用 5万円	収益
当期純利益 5万円	10万円

練習問題2－5

次の一連の問題に答えよ。

（1）期首時点で，資産100円，負債30円だとすれば，期首の純資産はいくらか。

（2）期中，負債の変動はなく，所有者からの出資もなかった。取引によって，収益90円，費用40円が生じたとすれば当期純利益はいくらか。

（3）期末の負債と純資産はそれぞれいくらか。

（4）期首時点の貸借対照表，期末時点の貸借対照表，当期の損益計算書を作成せよ。

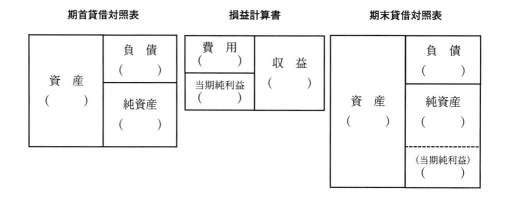

練習問題2－6

　期首に茨城商店が設立された。設立時，銀行からの借り入れ（負債）によって4万円，商店の所有者からの出資（純資産）によって6万円の資金を調達し，資産10万円を保有した。なお，当期は，期中に3万円で購入した資産を5万円で売却した（収益5万円と費用3万円が発生した）のみであり，負債の増減はなく，所有者からのあらたな出資もなかった。期末には，資産12万円を保有していた。期首と期末における，ふたつの貸借対照表と，当期の損益計算書を作成せよ。

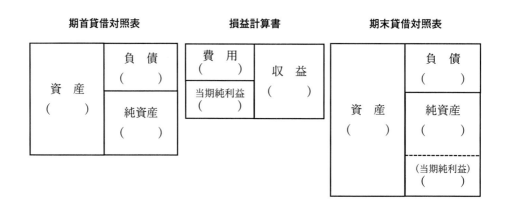

練習問題2－7

　埼玉商事は，期首に，負債10万円，純資産10万円であった。当期は，（1）期中に1万円で購入した資産を2万円で売却し（収益2万円と費用1万円が発生した），（2）資産3

万円を収益として受取っただけである。負債の増減も，所有者によるあらたな出資もなかった。期首と期末の貸借対照表と損益計算書を作成せよ。

2.5.1　補足：収益と費用のより厳密な定義

　11頁でも触れたように，収益や費用は，目にはみえない概念にすぎないので，初学者にはわかりにくいです。収益や費用が実は純資産と密接に関係するといえば，なおさらわかりづらいでしょう。ここではこの点に立ち入って説明します。少し難解な内容なので，初めて本テキストを読む者は，いったんここを読み飛ばしてもかまいません。その場合には，次章を読んだあとに立ち戻ってきてほしいと思います。

　上図の貸借対照表の形をみればわかるように，資産が増加したとき，負債や純資産も増加します。このとき，借金（負債の増加）をして現金を取得（資産の増加）したわけなので，会社（の所有者）が"稼いだ"ことにはなりません。ここでは単純に将来返済すべき負債が増加するだけです。また，会社の所有者が出資（純資産の増加）した場合はどうでしょうか。所有者自身は自分の資金を会社に託しただけで，これも会社にとって"稼いだ"とはいえません。単純に純資産が増加するだけです。

　しかし，会社の儲けによって資産が増加した場合はどうでしょうか。先にみたように，会社の儲けは会社の所有者の儲けでもあります。したがって，当期純利益は，純資産に含まれます。しかし，それだけではなぜ当期純利益が生じたのかわからないので，それを説明するために収益や費用が登場します。

　現時点ではとても難しく感じるかもしれませんが，会社が稼いだ場合（収益）もしくは損した場合（費用）に，それにともなって資産が増減するものの，直接，純資産を増減させるわけでなく，いったん，収益や費用として記録しておき，次に，収益と費用の差額，すなわち当期純利益の分だけ，最終的に，純資産を増加させることになります。したがって，厳密には，収益は純資産の増加要因，費用は純資産の減少要因と定義されます。

第2章　章末問題

章末問題2－1

　次の問いに答えるとともに，図を作成せよ（問題以外は考慮しない）。
（1）銀行から400円借入れ，所有者から500円の出資を受けて会社を設立した。会社は財産をいくら保有しているか。
（2）財産を200円保有する会社がある。銀行から150円借入をおこなっているとすれば，所有者からの出資はいくらと考えるのが自然か。
（3）設立時，財産を300円，所有者からの出資50円とすれば，銀行からの借入はいくらと考えるのが自然か。

（1）

財産	借金
（　　　）	（　　　　　）
	出資
	（　　　　　）

（2）

財産	借金
（　　　）	（　　　　　）
	出資
	（　　　　　）

（3）

財産	借金
（　　　）	（　　　　　）
	出資
	（　　　　　）

章末問題2－2

次の問いに答えよ。

（1）年収1,000万円，現金残高1,000円の情報は，それぞれ，ストック，フローいずれの概念か。

（2）最初，浴槽に6ℓお湯がたまっていた。一定時間のうちに，4ℓのお湯が浴槽に入り，2ℓのお湯が流れた。浴槽のお湯はどれだけになるか。

（3）最初，浴槽にxℓお湯がたまっていた。一定時間のうちに，5ℓのお湯が浴槽に入り，2ℓのお湯が流れた。浴槽のお湯が8ℓだったとすると，最初のお湯xは何ℓか。

（4）5月1日に，金庫の中を調査したところ，現金が900円保管されていた。5月には，600円で商品を仕入れ，それを，顧客に200円で売却したのみである。5月31日の時点で，金庫の中にはいくら保管されているはずか。

章末問題2－3

次の一連の問題に答えよ。

（1）期首時点で，資産200円，負債60円だとすれば，期首の純資産はいくらか。

（2）期中，負債の変動はなく，所有者からの出資もなかった。取引によって，収益70円，費用30円が生じたとすれば当期純利益はいくらか。

（3）期末の負債と純資産はそれぞれいくらか。

（4）期首時点の貸借対照表，期末時点の貸借対照表，当期の損益計算書を作成せよ。

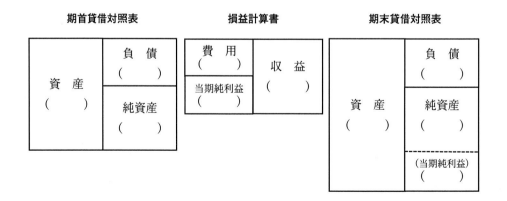

　東京商事は，期首に，負債30万円，純資産50万円であった。当期は，（１）期中に4万円で購入した資産を7万円で売却し（収益7万円と費用4万円が発生した），（２）資産4万円を収益として受取っただけである。負債の増減も，所有者によるあらたな出資もなかった。期首と期末の貸借対照表と損益計算書を作成せよ。

期首貸借対照表		損益計算書		期末貸借対照表	
資　産 （　　　）	負　債 （　　　） 純資産 （　　　）	費　用 （　　　） 当期純利益 （　　　）	収　益 （　　　）	資　産 （　　　）	負　債 （　　　） 純資産 （　　　） -------------- （当期純利益） （　　　）

—— 第3章 ——

財務諸表の作成までのイメージ

　前章では，毎期，期末に作成される財務諸表のイメージを確認しました。ここでは，それを作るまでの流れを大まかにみていきます。会社は，毎日，多くの，そして様々な取引をおこなっています。それらをすべて正しく記録しないと，正しい財務諸表を作ることができず，会社の状況の報告として充分ではありません。そのため，簿記は，数えきれない程の取引を正しく記録するための体系をもっています。本章では，特に，仕訳帳と総勘定元帳というふたつの帳簿（メモ帳のようなもの）を学習します。さらに，そうした帳簿の正しさを確かめる試算表，そして，期末における特徴的な会計処理をみていくことにしましょう。とりわけ，次の4点の習得が，本章の目的となります。

（1）簿記における特徴的なメモである仕訳と転記の理解
（2）取引を発生順に記録する仕訳帳と資産，負債，純資産，収益，費用の残高を明らかにする総勘定元帳の理解
（3）仕訳帳と総勘定元帳の正しさを確認する3つの試算表の理解
（4）期末になされる決算整理，決算振替，帳簿の締切の理解

3.1 仕訳帳

　会社は，毎日，数えきれない程の取引をおこなっています。これらをすべて把握するには，ひとつひとつの取引を記録するメモ帳が必要となるでしょう。そうした帳簿のひとつが仕訳帳です。仕訳帳とは取引を発生順に記録する帳簿であり，そこでは"必ず"左と右に分けて記録し[1)]，かつ取引の記録ごとに左右の金額の合計を一致させます。このような特徴的なメモを仕訳といいます。具体的には，以下のような記録をおこないます。

（5/1）資　　　　産 10,000 ／ 負　　　　債 10,000
（6/1）費　　　　用 2,000 ／ 資　　　　産 2,000

　5/1と6/1は日付を表しています。5月1日と6月1日に取引が発生したということです。さしあたっての問題は，（1）そもそも何を記録するのか，（2）なぜ左右に分けて記録す

---

1) 実際には，左側を**借方**（かりかた），右側を**貸方**（かしかた）といいますが，それらは業界用語であって本質的には意味はないです。

るのか，（3）左右に分けるとしても何をどちらに記録するのかでしょう。以下，順にみていくことにします。

3.1.1　何を記録するのか

　財務諸表を作るために仕訳をおこなうことからも分かるように，実は，上記の3つの問いのヒントは，すべて貸借対照表と損益計算書にあります。まず，（1）の問題については，財務諸表に，資産，負債，純資産，収益，費用の5つの要素があったことを思い出せば，よいでしょう[2]。2.4のイメージ図では，その5つの要素が示され，面積（高さ）は金額を示していました。仕訳でも，会社がおこなう取引をこの5つの要素に分類し，それらの金額を決めてメモします[3]。

3.1.2　なぜ左右に分けて記録するのか

　（2）の問題については，貸借対照表と損益計算書が，いずれも，左右対称に分かれている点に気づけばよいでしょう。財務諸表が左右に分かれているのだから，それを作成するためのメモも，左右に分けておこなうという訳です。また，左右に分かれているのは"増減"を示しているともいえます。5つの要素のそれぞれの増減を示すために左右に分けて仕訳する訳です。要素によって異なりますが，左側が増加を示すのであれば，反対の右側は減少を示すことになります。逆もまた正しく，ある要素については，右側が増加を示し，左側は減少を示す訳です。どちらが増加でどちらが減少を意味するかは，次の（3）の問題となります。

3.1.3　何をどちらに記録するのか

　前頁の5月1日の仕訳の左側がなぜ資産なのか，右側がなぜ負債なのか，同様に，6月1日の仕訳の左側が費用で右側が資産なのはなぜか，こうした問いが（3）の問題です。下図に注目して下さい。意味は後で触れるとしまして，下図は，貸借対照表と損益計算書のイメージ図を上下にあわせ，ふたつの表に登場する当期純利益を相殺（そうさい）したものです。

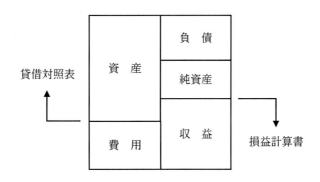

2）ここには当期純利益がないですが，この点は後述します。
3）すでに述べておりますように，会社はお金が動く取引を日常的におこなっていることを思い出して下さい。具体的な取引に対する仕訳の方法は，今後，嫌になるほど学習することになります。

2.5でみたように，当期純利益は貸借対照表でも損益計算書でも同額ですから，うまく重なり，みえなくすることができます。当期純利益という要素は，実は，仕訳するものではなく，仕訳後，計算した結果生じる特殊なものです[4]。貸借対照表と損益計算書の要素の合計が6つあったのに，上記の仕訳の説明では5つの要素としていたのはこのためです。なお，各取引の仕訳では左右の金額の合計を一致させるとしていました。このイメージ図でも左右の金額の合計は一致します。各取引の仕訳の左右の金額が一致すれば，当然，それらの取引を合わせた結果も一致するはずです。

　ここで種明かしをしましょう。（3）の疑問の答えは上図にあります。この図は，5つの要素それぞれについて，増加した場合に，仕訳する側を示します。図では，資産と費用が左側に記載されています。これより，**資産と費用の要素は，仕訳上，左側が"増加"を意味し，右側が"減少"を意味する**ことになります。たとえば，先の5月1日の仕訳では，資産が左側にメモされていたことから，資産が10,000円だけ増加したことを意味します。6月1日では右側にメモされていたことから，資産2,000円の減少を意味します。同様に，6月1日の仕訳では，費用が左側にメモされていましたが，それは，費用が2,000円だけ増加したことを意味します。

　他方，この図では，負債，純資産，収益は右側に記載されています。これより，**負債，純資産，収益の要素は，仕訳上，右側が"増加"を意味し，左側が"減少"を意味する**ことになります。5月1日の仕訳では負債が右側にメモされているから，負債10,000円の増加を意味することは想像できるでしょう。この図は，5つの各要素について，"増えた"ときに左右どちらにメモすべきかを示します。設例で，このイメージをもう少し具体的なものにしていきましょう。

設例 **3-1**

　4月2日に，100円の財産（資産）を，現金（資産）で購入した。

　まず，財産を購入したことから資産が100円増えます。資産の増加は先の図より，左側にメモするのがルールでした。同時に，現金が流出したことから資産が100円だけ減っています。増加が左側だから，資産の減少はその逆，つまり，右側にメモします。ここでひとつだけ注意をして下さい。資産が100円増加し，同時に資産が100円だけ減少した取引を"100円のプラスと100円のマイナスだから結果的にプラスマイナスゼロ"と考えてはいけません。それでは取引の存在をメモしないことになりますし，資産という要素には，実際には，現金や建物など，具体的な下位の要素があるからです。これらをふまえて，以下の仕訳をおこなうことになります。資産の増加が別の資産の減少によって生じたことが，仕訳から読み取れるでしょうか[5]。

4）厳密には，後述する決算振替処理で登場するともいえますが，さしあたり，上記のように考えておけばよいでしょう。

5）詳細は後の章で検討しますが，この内容はたとえば現金100円でパソコンを購入する行為をイメージすれば分りやすいです。現金100円という資産を相手に渡すことで減少する一方で，100円のパソコンという資産が増加する訳です。

（4／2）資　　　　産 100 ／ 資　　　　産 100

設　例 3－2

　4月10日に銀行から200円を借り入れ（負債），現金（資産）を受取った。

　銀行から200円の借金をした訳だから，将来200円の返済義務が生じます。これは負債の増加でありますが，上図では負債は右側にメモされていました。したがって，負債が増加した場合は右側にメモします。同時に，借金により，現金という資産も200円増加しています。上図では資産は左側にメモされていました。したがって，資産が増加した場合は左側にメモします。仕訳をみて，資産の増加が負債の増加によって生じたことが読み取れるでしょうか。

（4／10）資　　　　産 200 ／ 負　　　　債 200

練習問題3－1

　次の取引を仕訳しなさい。
（1）資産が 100 円増加し，純資産が 100 円増加した。
（2）負債が 100 円増加し，資産が 100 円増加した。
（3）資産が 100 円減少し，資産が 100 円増加した。
（4）資産が 100 円増加し，収益が 100 円増加した。
（5）費用が 100 円増加し，資産が 100 円減少した。
（6）資産が 100 円減少し，負債が 100 円減少した。
（7）負債が 100 円減少し，負債が 100 円増加した。
（8）資産が 100 円減少し，純資産が 100 円減少した。
（9）費用が 100 円増加し，負債が 100 円増加した。
（10）費用が 100 円増加し，純資産が 100 円増加した。
（11）負債が 100 円減少し，純資産が 100 円増加した。
（12）負債が 100 円減少し，収益が 100 円増加した。
（13）費用が 100 円減少し，資産が 100 円増加した。

（1）				
（2）				
（3）				
（4）				
（5）				
（6）				
（7）				
（8）				
（9）				
（10）				
（11）				
（12）				
（13）				

3.2 総勘定元帳

　期中では，取引が生じる度に，仕訳帳に仕訳をします。ただ，簿記では，取引が生じた際にメモする帳簿が，もうひとつあります。それが，総勘定元帳です。下図のような T の形が集まった帳簿をイメージしてください。**総勘定元帳は，資産，負債，純資産，収益，費用といった要素ごとの勘定口座（T 勘定）をもち，その残高を把握するためのもの**です。ここで，**残高**とは，T の左と右それぞれの価額の差額のことです。仮に帳簿が仕訳帳のみであれば，発生した順序で取引内容が分かりますが，ある時点で，5 つの要素の残高がいくらなのかは分かりにくいでしょう。そこで，各要素の残高を示すために，取引が生じる度，総勘定元帳にもメモします。そうすることで，現時点で資産がいくらあるのか，費用がいくらかかっているのかなどが確認できます。なお，仕訳帳から総勘定元帳に取引の情報をうつす作業を**転記**といいます。設例を使って，具体的に転記の方法をみていきましょう。

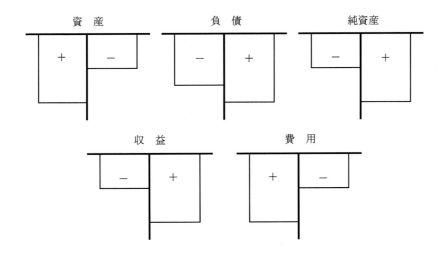

設 例 3-3

4月22日，仕訳帳に"**資産** 100 / **負債** 100"と仕訳し，総勘定元帳に転記した。

転記はとても重要な作業ですが，そのやり方はとても単純です。仕訳時に**左側**にメモしたものについては，そのものの T 勘定の**左側**に"金額"をメモし，同様に，仕訳で**右側**にメモしたものは，そのものの T 勘定の**右側**にその"金額"をメモするだけです。下記の4月22日の取引では，資産は左側に仕訳されています。したがって，資産の T 勘定の左側に100とメモします。同様に，仕訳では負債が右側にあったので，負債の T 勘定の右側に100とメモする訳です。このように，転記の作業はとても単純です。

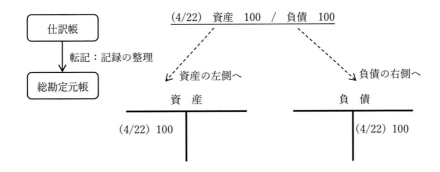

補足説明：

このテキストでは基本的には省いておりますが，実務では，転記時に，初学者を混乱させる，"相手の要素名の記入"という作業が必要となります。仕訳では，左側と右側それぞれに，要素の名前とその金額をメモしました。転記では，左側に仕訳された要素の金額をその要素の T 勘定の左側にメモしますが，本来は，それに加えて，反対の右側に仕訳された"要素の名前"も金額の横にメモすることになります。たとえば，下記の4月22日の取引では，仕訳では資産は左側にメモされていたから，資産の T 勘定の左側に金額100をメモしました。そして，それに加え，仕訳で反対側に仕訳された"負債"もそこにメモすることになります[6]。負債の転記についても，同様の手順でな

されていることを確認して下さい。初学者には分かりにくく本テキストでは省きますが，これは，ひとつのT勘定だけで取引全体を把握するための作業と考えられるでしょう。なお，第11章では，実務で用いる仕訳帳と総勘定元帳について学習します。

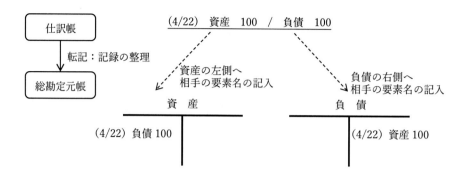

練習問題3－2

　4月23日に取引が発生し，仕訳帳に"**負債 200 ／ 資産 200**"と記帳した。総勘定元帳に転記しなさい。

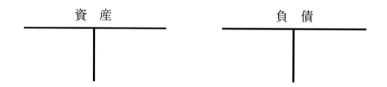

練習問題3－3

　4月24日にふたつの取引が発生し，仕訳帳では，"**費用 100 ／ 資産 100**"，"**資産 100 ／ 負債 100**"と記帳した。ふたつの仕訳を総勘定元帳に転記しなさい。

練習問題3－4

　次の仕訳を総勘定元帳に転記しなさい（日付にかえて番号を記入すること）。

（1）資　　　産 900 ／ 純 資 産 900

（2）資　　　産 100 ／ 資　　　産 100

（3）資　　　産 300 ／ 負　　　債 300

6）その他にも，取引の発生した日付も記入します。また，相手の要素が複数ある取引が発生した場合には諸口（しょくち）という用語を記入します。

（4）資　　　産 200 ／ 収　　　益 200
（5）費　　　用 100 ／ 資　　　産 100
（6）負　　　債 100 ／ 資　　　産 100
（7）負　　　債 100 ／ 収　　　益 100

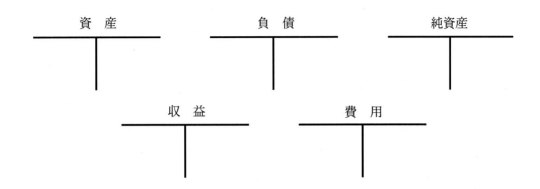

3.3　試算表

　取引が生じる度に，仕訳帳に仕訳し，総勘定元帳に転記する作業を，これまでみてきました。期首から期末まで何度も繰り返されるこの作業は，すべての取引に対して，正しくおこなう必要があります。そうでなければ，期末に正しい財務諸表を作ることはできません。したがって，財務諸表を作り始める前に，何度かは，それまでの記帳の正しさをチェックする必要があります。そのために，**試算表**という表を作成します。試算表とは，**資産，負債，純資産，収益，費用の要素の価額を集計した表であり，総勘定元帳をベースに作成されるもの**です。試算表は財務諸表ではなく，必ず作成しなければならないものではありませんが，財務諸表を作る際の基礎となります。週ごと，または月ごとに試算表が作成される場合もありますが，少なくとも，会計期間の期末に3回，作成するとイメージしておきましょう。後程，なぜ3回なのかを学習することになります。

　さて，試算表を作成するのはよいとしても，どのような理屈で帳簿の正しさをチェックするのでしょうか。この答えは，特に新しいものではなく，これまでに学習した内容に答えがあります。仕訳では，左側と右側の金額が一致していました。3.1.3で貸借対照表と損益計算書を上下に重ねた図をみておりますが，そこでは資産と費用の金額の合計が，負債と純資産と収益の金額の合計と一致しており，左側と右側の合計金額は一致していました。その図は，試算表のイメージ図そのものだったのです。図が長方形であることを考えれば明らかでありますが，正しく記帳していれば，試算表における，すべての要素の左側の合計と右側の合計は一致します。これを確かめることで記帳の正しさをチェックする訳です。もちろん，左右の金額の合計が一致するからといって，確実に記帳が正しいといえる訳ではありませんが，記帳が正しいことの必要条件は満たしています。

3.3.1 合計試算表

　本質に違いはありませんが，試算表には３つの形式があります。そのひとつが**合計試算表**です。これは，総勘定元帳にあるすべてのＴ勘定について，それぞれ，左側の合計と右側の合計を集計したものです。ひとつの取引を仕訳する際には，左と右の金額が一致していた訳ですから，それらをすべて集計したとしても，左側の金額の合計と右側の金額の合計は一致するはずです。具体的に【練習問題３－４】を使って，こうした一致を確認してみましょう。そこでの７つの仕訳を転記した総勘定元帳を以下に示します。資産（左側 1,500，右側 300），負債（左側 200，右側 300），純資産（左側 0，右側 900），収益（左側 0，右側 300），費用（左側 100，右側 0）を確認して下さい。総勘定元帳における要素ごとの左側の合計と右側の合計をそれぞれまとめたものが，次の合計試算表となる訳です。試算表の左側と右側の合計が一致していることをそれぞれ確認して下さい。

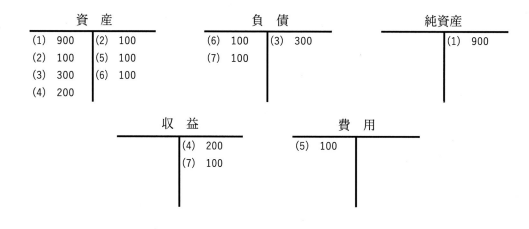

合計試算表

左側残高	勘定科目	右側残高
1,500	資　　産	300
200	負　　債	300
	純 資 産	900
	収　　益	300
100	費　　用	
1,800		1,800

3.3.2 残高試算表

　他方，総勘定元帳におけるすべての要素の残高を集計したものを**残高試算表**といいます。この残高試算表こそ，3.1.3 の図そのものです。そこでは，左側が資産と費用，右側が負債，純資産，収益を示していました。左側と右側の面積が一致していた訳だから，当然，その金額も一致するはずです。【練習問題３－４】における残高試算表を以下で示しましょう。当然に，ここでも左側と右側の合計金額は一致します。

残高試算表

左側残高	勘定科目	右側残高
1,200	資　　産	
	負　　債	100
	純　資　産	900
	収　　益	300
100	費　　用	
1,300		1,300

3.3.3　合計残高試算表

　最後の合計残高試算表は，以下に示しますが，上記ふたつのデータの両方をメモした表です。

合計残高試算表

左側		勘定科目	右側	
残高	合計		合計	残高
1,200	1,500	資　　産	300	
	200	負　　債	300	100
		純　資　産	900	900
		収　　益	300	300
100	100	費　　用		
1,300	1,800		1,800	1,300

練習問題 3 － 5

　次の総勘定元帳より，合計試算表と残高試算表をそれぞれ作成しなさい。

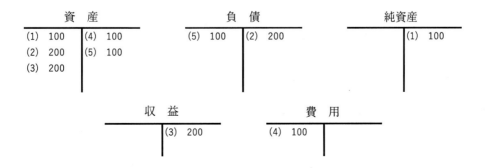

合計試算表				残高試算表		
左側残高	勘定科目	右側残高		左側残高	勘定科目	右側残高
	資　産				資　産	
	負　債				負　債	
	純　資　産				純　資　産	
	収　益				収　益	
	費　用				費　用	

練習問題 3 － 6

次の総勘定元帳より，合計試算表と残高試算表をそれぞれ作成しなさい。

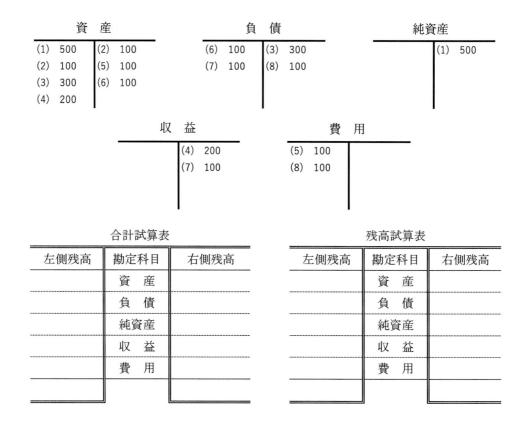

合計試算表				残高試算表		
左側残高	勘定科目	右側残高		左側残高	勘定科目	右側残高
	資　産				資　産	
	負　債				負　債	
	純資産				純資産	
	収　益				収　益	
	費　用				費　用	

3.4　決算手続

3.4.1　決算整理—帳簿の修正仕訳

　期中では，取引が発生する度に，仕訳帳に仕訳し，総勘定元帳に転記しました。取引があれば，メモし，当然，取引がなければ何もしない訳です。他方，会計期間を終えるにあたって，期末に，保有財産などの実地調査をするのが通常です。たとえば，記録上，保有しているはずの資産がなくなったり，使用にともなって価値が減ってしまった場合はどうするのでしょうか。期末時点では，実際の"お金の動き"が生じていなくとも，多かれ少

なかれ，帳簿の修正をする必要がありそうです。詳細は後述しますが，期末におこなう，仕訳帳と総勘定元帳の修正作業を**決算整理**といいます。修正するための仕訳をおこなうのです。この決算整理を経ることで，はじめて当期の貸借対照表（財政状態）と損益計算書（経営成績）が確定することになります。

　決算整理は，当期の会社の成績（財務諸表）を確定させる重要な作業です。そのため，その前と後の二時点で試算表を作成します。前者を**決算整理前試算表**，後者を**決算整理後試算表**といい，特に，決算整理後（残高）試算表は，財務諸表を作るための基礎資料となります。すなわち，決算整理後（残高）試算表から，貸借対照表の要素を抜き出した上で左と右の差額を純資産の増加（当期純利益）とし，かつ，損益計算書の要素を抜き出した上で左右の差額を当期純利益とすれば，当期の財務諸表が完成します[7]。とはいえ，これらは帳簿（仕訳帳や総勘定元帳）を通じた作業ではなく，残高試算表から財務諸表を作っただけであることに注意して下さい。つまり，帳簿の上では，依然として，下図にあるように，資産＞負債＋純資産，収益＞費用の関係のままです。なぜなら，仕訳帳や総勘定元帳の中で"当期純利益"がメモされる訳ではないからです。

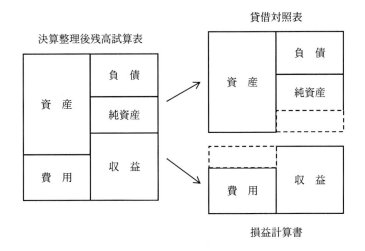

　練習問題３－７

　決算整理に際して，次のことが判明した。決算整理仕訳をしなさい。
（１）調査の結果，資産 500 円を紛失していたことが判明した（費用）。
（２）資産 100 円をえていたが記録していなかったことが判明した（収益）。

(1)				
(2)				

7）この決算整理前試算表から，決算整理をし，財務諸表を作るまでの流れをひとつの表にまとめたものを精算表といいます。

3.4.2 決算振替—収益と費用の残高のリセットと純資産への振替

　財務諸表それ自体は，決算整理後試算表から作成できます。しかし，決算整理を済ませ，簿記の目的である（当期の）財務諸表の作成を終えたとしてもなお，帳簿上（すなわち仕訳帳や総勘定元帳）で追加的な作業が必要となります。会社は，当期だけでなく次期以降も継続して存続するはずですから，毎期，財務諸表を作らなければなりません。この追加的作業は，"次期以降"の財務諸表を作る準備といえます。これを**決算振替**といい，**収益と費用の残高を純資産に振替える**作業がおこなわれます。決算整理と同様，ここでも"お金の動き"が生じている訳ではありませんが，記帳をおこないます。なお，**振替**とは，あるＴ勘定の残高を別のＴ勘定の残高に移動させることをいいます。今後，頻出しますので，きちんと理解して下さい。

①Ａの右側残高
②仕訳：Ａ xx ／ Ｂ xx
　　⇨Ａの右側残高を左側に仕訳して要素Ａをプラス・マイナスゼロとし，要素Ｂの残高へ

　わざわざ要素Ａ（収益と費用）の残高をゼロにして，新たな要素Ｂに移さなければならない理由は何でしょうか。端的に言いますと，当期の収益と費用の帳簿上の残高をリセットするためです。

　収益と費用の残高を純資産に振替える意味を理解する鍵は，2.3でみたストックとフローの概念にあります。ストックが一時点の量の概念だったのに対して，フローは一定期間の量の概念でありました。一定期間の量だから，フローは特定の"一定期間"が終了すればリセットされなければなりません。そうでなければ，期間ごとの情報はえられないでしょう。たとえば，今月のバイト代収入（フロー）を計算する際に，先月のバイト代収入は考慮しません。先月分の収入は先月末でリセットされ，今月の計算では，今月の収入のみがフローとなるのです。

　ストックとフローの概念には，それぞれ，一時点の財政状態を示す貸借対照表と，一定期間の経営成績を示す損益計算書が対応します。当期の財務諸表の作成後，帳簿を締め切るためには，当期の収益と費用の帳簿上の残高を，次期以降の準備としてリセットしなければなりません。当期の収益や費用は，次期の収益や費用とはならないのです。そのため，まずは，収益と費用の残高すべてを，**損益**勘定（要素Ｂ）という，決算振替のためだけに新たに作った勘定に振替える仕訳をします。これにより，下図のように，帳簿上の収益と

費用の残高がゼロとなります。収益と費用のそれぞれについて，左側と右側の金額（面積）は一致し，その残高はゼロとなります。なお，損益勘定をみれば，当期の収益と費用のすべてを把握できることから，帳簿上，損益勘定によって当期純利益を確定させるという見方もできます。

（1）決算整理後の総勘定元帳における収益と費用の残高
（2）収益の残高を，損益の残高へ振替る仕訳：収益 xxx ／ 損益 xxx
（3）費用の残高を，損益の残高へ振替る仕訳：損益 xx ／ 費用 xx
　　⇨これらの仕訳により収益と費用の残高はゼロとなり，各勘定はその役割を終える。

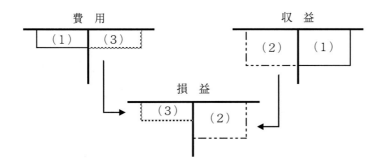

　いったん，収益と費用の残高を損益勘定に集め，その差額である当期純利益を確認すると，今度は，損益勘定の残高を即座に純資産に振替え，損益勘定の残高をゼロにする仕訳をおこないます。損益勘定は，春の桜のように，一瞬しか残高をもちません（とても儚いです・・・）。なぜ純資産に損益勘定の残高を振替えるかについてはすでにみています。決算整理直後では，総勘定元帳で，資産＞負債＋純資産となっており，不等号の要因は当期の経営の成果である当期純利益でした（3.4.1 のイメージ図を参照）。会社の儲けは所有者の儲けでもありますから，当期純利益の分だけ，所有者の持分である純資産を増加させる必要があります。それが，この損益勘定から純資産への振替仕訳なのです。改めて確認すれば，損益計算書の左右の差額を損益勘定に振替える仕訳をした後，損益勘定の残高を貸借対照表の純資産に振替えました。この時，総勘定元帳では，貸借対照表の要素のみが残高をもち，資産＝負債＋純資産となります。

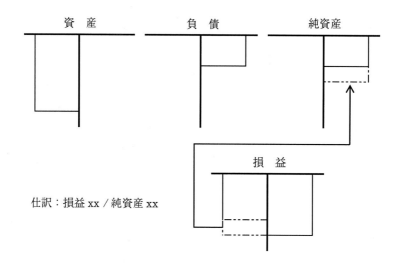

仕訳：損益 xx / 純資産 xx

練習問題 3 − 8

　総勘定元帳では，決算整理が終了した段階で収益の残高は右側 500 円，費用の残高は左側 200 円であった。決算振替により，これらの残高を純資産に振替えなさい。

3.4.3　帳簿の締切り―貸借対照表の残高確認

　決算振替後，総勘定元帳は，貸借対照表の要素（ストック）のみが残高をもちます。すなわち，資産と負債，そして純資産の要素のみが次期に持ち越される訳です。繰り返しになりますが，後の学習のためにも，当期から次期に移行する期末の残高はストックのみであり，フローは存在しないことに注意して下さい。なお，この段階で，最終的な帳簿の正しさをチェックするのが，3 回目の試算表となる**繰越試算表**です。決算振替後の資産，負債，純資産の総勘定元帳における残高を集計した表です。

　最後に，総勘定元帳における各 T 勘定の締め切りについて触れておきます。本質的な話ではありませんが，お作法として知っておく必要はあります。

　たとえば，資産を例にすると，一般に，決算振替終了時に，左側に残高が生じます。T 勘定を締切るためには，反対の右側に，**期末の日付**と **"次期繰越"** そしてその残高の金額を記入します。これによって，左右の金額は一致するはずです。さらに，次期のために，次期の期首の日付と **"前期繰越"**，さらに，残高の金額を，左側に記入します。なお，この「次期繰越」や「前期繰越」のメモは，仕訳する訳ではなく，単に，T 勘定にメモするだけです。難しく考えずに，次図を参照して下さい。これと同様の作業を，負債と純資産についてもおこないます。本章を終える前に【設例 3 − 4】で全体の流れを復習しておきましょう。

		資 産		
4/3	800	6/3	100
5/3	100	8/9	200
7/4	100		
9/3	300	12/31次期繰越	1,000
	1,300		1,300
1/1 前期繰越	1,000		

設 例 3−4

期首に A 社が設立された。設立時，銀行からの借入により資産 200 円が増加し，所有者からの出資により資産 300 円が増加した。期中における取引は，（1）資産 200 円の増加と資産 200 円の減少，（2）収益 400 円の増加と資産 400 円の増加，（3）費用 200 円の増加と資産 200 円の減少が生じる 3 つの取引があったのみである。なお，期末の決算整理において，資産 50 円が紛失していることが判明し，費用 50 円を記帳した。

（問1）設立時を含む，期中取引を仕訳し，総勘定元帳に転記しなさい（期首の日付は（0）と表記し，それ以外の取引は番号を記入すること）。
（問2）決算整理前残高試算表を作成しなさい。
（問3）決算整理仕訳をし，総勘定元帳に転記しなさい（日付は（整）と表記）。
（問4）決算整理後残高試算表を作成しなさい。
（問5）貸借対照表と損益計算書を作成しなさい。
（問6）決算振替仕訳をおこない，総勘定元帳に転記しなさい（日付は（振）と表記）。
（問7）繰越試算表を作成しなさい。
（問8）総勘定元帳の締め切りをしなさい（期末の日付は（末），次期期首の日付は（首）と表記）。

まず問1は，仕訳と転記のルールを理解していれば問題なかったはずです。

（仕訳帳）
（0）資　　　産 200 ／ 負　　　債 200
　　　資　　　産 300 ／ 純　資　産 300
（1）資　　　産 200 ／ 資　　　産 200
（2）資　　　産 400 ／ 収　　　益 400
（3）費　　　用 200 ／ 資　　　産 200

（総勘定元帳）

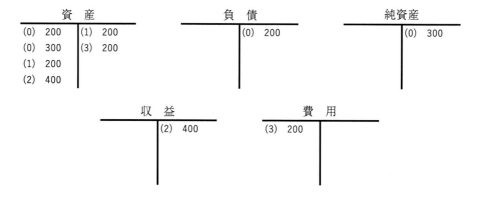

　問2については，総勘定元帳にある各要素の残高をひとつの表にまとめれば残高試算表が完成します。資産は，左側が1,100円，右側が400円だから残高は左側に700円，負債は，右側残高200円，純資産は右側残高300円，収益も右側残高400円，費用は左側残高200円です。試算表の左側と右側の合計がそれぞれ900円となることが確認できたでしょうか。

決算整理前残高試算表

左側残高	勘定科目	右側残高
700	資　　　　産	
	負　　　　債	200
	純　資　産	300
	収　　　　益	400
200	費　　　　用	
900		900

　残高試算表の作成により財務諸表を作成できそうなものですが，そうではありませんでした。期末に決算整理をおこなわなければならなかったからです。問3の解答として，期首から決算整理までの仕訳帳と総勘定元帳を以下に示します。これによって，当期における会社の成績が確定するのです。設例の決算整理仕訳は簡単ですが，実際には，複雑な処理が要求されることが多いです。この点は，本テキストの第7章から第9章で扱います。

（仕訳帳）

（0）資　　　産200 / 負　　　債200
　　　資　　　産300 / 純　資　産300
（1）資　　　産200 / 資　　　産200
（2）資　　　産400 / 収　　　益400
（3）費　　　用200 / 資　　　産200
（整）**費　　　用50 / 資　　　産50**

（総勘定元帳）

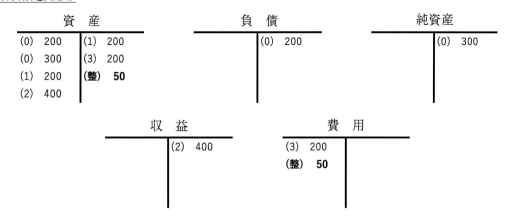

　問4は，決算整理後の残高試算表の作成です。以下に示します。矢印で示した箇所が決算整理前残高試算表との相違です。

決算整理後残高試算表

左側残高	勘定科目	右側残高
→ 650	資　　産	
	負　　債	200
	純　資　産	300
	収　　益	400
→ 250	費　　用	
900		900

　決算整理を終え，試算表によるチェックが終了すれば，当期の財務諸表を作成することが可能となります。その基礎資料となるのが，問4の解答である決算整理後残高試算表でした。以下で問5の解答を示しましょう。

損益計算書

費　　　用	250	収　　　益	400
当期純利益	150		
	400		400

貸借対照表

資　　　産	650	負　　　債	200
		純　資　産	450
		(うち当期純利益)	(150)
	650		650

　当期の財務諸表を作成してもまだ，決算振替という帳簿上の作業が残っているのでした。収益と費用の残高を損益勘定に振替え，それをさらに純資産に振替えます。この作業により，収益と費用，そして損益勘定の残高がゼロとなり，貸借対照表の要素のみが残高をもつことを確認して下さい。これまでの記帳とあわせて，問6の解答を示します。

（仕訳帳）

　（0）資　　　産 200 / 負　　　債 200

　　　　資　　　産 300 / 純　資　産 300

　（1）資　　　産 200 / 資　　　産 200

　（2）資　　　産 400 / 収　　　益 400

　（3）費　　　用 200 / 資　　　産 200

　（整）費　　　用　50 / 資　　　産　50

　（振）**収　　　益 400 / 損　　　益 400**

　（振）**損　　　益 250 / 費　　　用 250**

　（振）**損　　　益 150 / 純　資　産 150**

（総勘定元帳）

資　産

(0)	200	(1)	200
(0)	300	(3)	200
(1)	200	(整)	50
(2)	400		

負　債

		(0)	200

純資産

		(0)	300
		(振)	**150**

収　益

(振)	**400**	(2)	400

費　用

(3)	200	**(振)**	**250**
(整)	50		

損　益

(振)	**250**	**(振)**	**400**
(振)	**150**		

　問7は，決算振替後の総勘定元帳の残高を集計したものであり，資産，負債，純資産のみが記録されます。

繰越試算表

左側残高	勘定科目	右側残高
650	資　　　産	
	負　　　債	200
	純　資　産	450
650		650

　最後は，総勘定元帳の締め切りです。問8の解答を以下に示します。単なる総勘定元帳におけるメモであり，仕訳をする訳ではないことに注意して下さい。

資　産

(0)	200	(1)	200
(0)	300	(3)	200
(1)	200	(整)	50
(2)	400	(末)次期繰越650	
	1,100		1,100
(首)前期繰越650			

負　債

(末)次期繰越200	(0)	200
200		200
	(首)前期繰越200	

純資産

(末)次期繰越450	(0)	300
	(振)	150
450		450
	(首)前期繰越450	

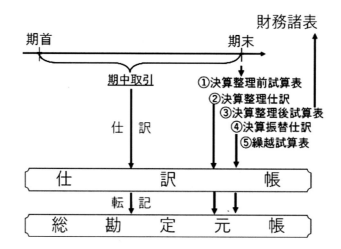

第3章　章末問題

章末問題 3－1

次の取引を仕訳しなさい。

（1）純資産が 100 円増加し，資産が 100 円増加した。

（2）資産が 100 円増加し，負債が 100 円増加した。

（3）資産が 100 円減少し，資産が 100 円増加した。

（4）収益が 100 円増加し，資産が 100 円増加した。

（5）資産が 100 円減少し，費用が 100 円増加した。

（6）負債が 100 円減少し，資産が 100 円減少した。

（7）負債が 100 円増加し，負債が 100 円減少した。

（8）純資産が 100 円減少し，資産が 100 円減少した。

（9）負債が 100 円増加し，費用が 100 円増加した。

（10）純資産が 100 円増加し，費用が 100 円増加した。

（11）純資産が 100 円増加し，負債が 100 円減少した。

（12）収益が 100 円増加し，負債が 100 円減少した。

（13）資産が 100 円増加し，費用が 100 円減少した。

(1)				
(2)				
(3)				
(4)				
(5)				
(6)				
(7)				
(8)				
(9)				
(10)				
(11)				
(12)				
(13)				

章末問題３－２

　次の仕訳を総勘定元帳に転記しなさい（日付にかえて番号を記入すること）。

（１）資　　　産 990 ／ 純　資　産 990
（２）資　　　産 200 ／ 資　　　産 200
（３）資　　　産 350 ／ 負　　　債 350
（４）資　　　産 400 ／ 収　　　益 400
（５）費　　　用 200 ／ 資　　　産 200
（６）負　　　債 100 ／ 資　　　産 100

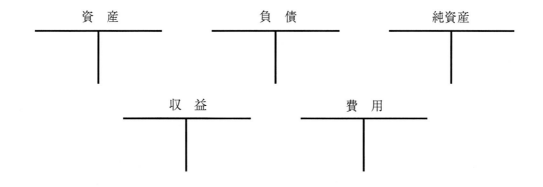

章末問題3-3

次の総勘定元帳より，合計試算表と残高試算表をそれぞれ作成しなさい。

	資　産	
(1)	200	(4) 100
(2)	300	(5) 150
(3)	500	
(6)	200	

	負　債	
(5) 150	(2)	300
	(6)	200
	(7)	100

	純資産	
	(1)	200

	収　益	
	(3)	500

	費　用	
(4)	100	
(7)	100	

合計試算表

左側残高	勘定科目	右側残高
	資　産	
	負　債	
	純資産	
	収　益	
	費　用	

残高試算表

左側残高	勘定科目	右側残高
	資　産	
	負　債	
	純資産	
	収　益	
	費　用	

章末問題3-4

次の総勘定元帳より，合計試算表と残高試算表をそれぞれ作成しなさい。

	資　産	
(1)	500	(2) 200
(3)	900	(5) 150
(4)	500	(6) 100

	負　債	
(5) 150	(4)	500

	純資産	
(6) 100	(3)	900

	収　益	
	(1)	500

	費　用	
(2)	200	

	合計試算表			残高試算表	
左側残高	勘定科目	右側残高	左側残高	勘定科目	右側残高
	資　産			資　産	
	負　債			負　債	
	純資産			純資産	
	収　益			収　益	
	費　用			費　用	

章末問題3－5

　3月31日に，決算整理が終了した段階で，総勘定元帳では，収益の残高は右側に900円，費用の残高は左側に400円だった。決算振替をおこない，これらの残高を純資産に振替えなさい。

章末問題3－6

　3月31日に，決算整理が終了した段階で，総勘定元帳では，収益の残高は右側に700円，費用の残高は左側に300円だった。決算振替をおこない，これらの残高を純資産に振替えなさい。

章末問題3－7

　期首にB社が設立された。設立時，銀行からの借入により資産500円が増加し，所有者からの出資により資産700円が増加した。期中における取引は，（1）資産200円の減少と負債200円の減少，（2）資産500円の増加と収益500円の増加，（3）費用300円の増加と資産300円の減少が生じる3つの取引があったのみであった。なお，期末の決算整理において，資産100円が増加していることが判明し，収益100円を記帳した。そこで，以下の問いに答えなさい。

（1）設立時を含む，期中取引を仕訳し，総勘定元帳に転記しなさい（期首の日付は（0）

と表記し，それ以外の取引は番号を記入すること）。

（2）決算整理前残高試算表を作成しなさい。

（3）決算整理仕訳をし，総勘定元帳に転記しなさい（日付は（整）と表記）。

（4）決算整理後残高試算表を作成しなさい。

（5）貸借対照表と損益計算書を作成しなさい。

（6）決算振替仕訳をおこない，総勘定元帳に転記しなさい（日付は（振）と表記）。

（7）繰越試算表を作成しなさい。

（8）総勘定元帳の締め切りをしなさい（期末の日付は（末），次期期首の日付は（首）と表記）。

（仕訳帳）

（総勘定元帳）

(決算整理前試算表と決算整理後試算表)

決算整理前残高試算表

左側残高	勘定科目	右側残高
	資　　産	
	負　　債	
	純　資　産	
	収　　益	
	費　　用	

決算整理後残高試算表

左側残高	勘定科目	右側残高
	資　　産	
	負　　債	
	純　資　産	
	収　　益	
	費　　用	

(財務諸表：貸借対照表と損益計算書)

損益計算書

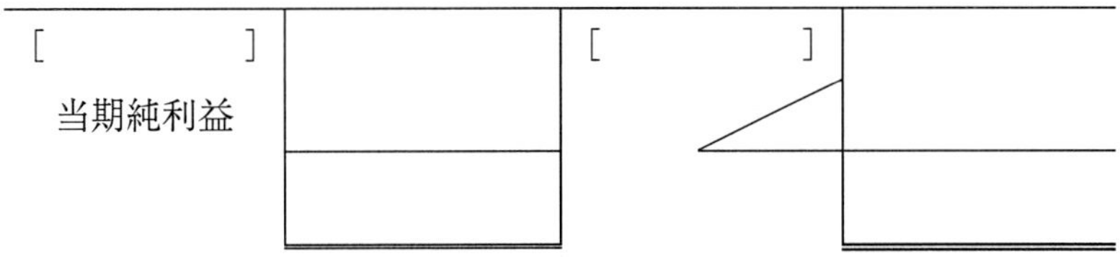

[　　　　]		[　　　　]	
当期純利益			

貸借対照表

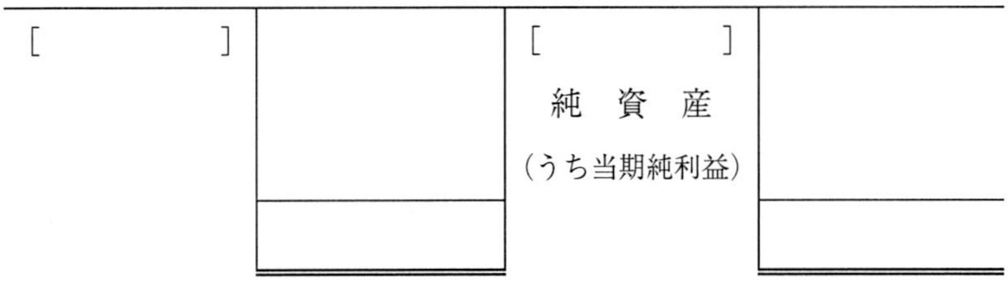

[　　　　]		[　　　　]	
		純　資　産	
		(うち当期純利益)	

（繰越試算表）

繰越試算表

左側残高	勘定科目	右側残高
	[ ]	
	[ ]	
	[ ]	

章末問題３−８

　期首にＡ社が設立された。設立時，銀行からの借り入れにより資産500円が増加し，所有者からの出資により資産700円が増加した。期中における取引は，（1）資産500円の増加と資産500円の減少，（2）収益900円の増加と資産900円の増加，（3）費用500円の増加と資産500円の減少が生じる３つの取引があったのみであった。なお，期末の決算整理において，資産200円が紛失していることが判明し，費用200円を記帳した。そこで，以下の問いに答えなさい。

（1）設立時を含む期中取引を仕訳し，総勘定元帳に転記しなさい。ただし，期首の日付は（0）と表記し，それ以外の取引は（1）〜（3）の番号を記入すること。
（2）決算整理前残高試算表を作成しなさい。
（3）決算整理仕訳をし，総勘定元帳に転記しなさい（日付は（整）と表記）。
（4）決算整理後残高試算表を作成しなさい。
（5）貸借対照表と損益計算書を作成しなさい。
（6）決算振替仕訳をおこない，総勘定元帳に転記しなさい（日付は（振）と表記）。
（7）繰越試算表を作成しなさい。
（8）総勘定元帳の締め切りをしなさい（期末の日付は（末），次期期首の日付は（首）と表記）。

（仕訳帳）

（総勘定元帳）

（決算整理前試算表と決算整理後試算表）

決算整理前残高試算表

左側残高	勘定科目	右側残高
	資　　産	
	負　　債	
	純　資　産	
	収　　益	
	費　　用	

決算整理後残高試算表

左側残高	勘定科目	右側残高
	資　　産	
	負　　債	
	純　資　産	
	収　　益	
	費　　用	

（財務諸表：貸借対照表と損益計算書）

損益計算書

[　　　　]		[　　　　]	
当期純利益			

貸借対照表

[　　　　]		[　　　　]	
		純　資　産	
		（うち当期純利益）	

（繰越試算表）

繰越試算表

左側残高	勘定科目	右側残高
	[　　　　]	
	[　　　　]	
	[　　　　]	

---— 第4章 ———

基本的な期中取引

　簿記の実務では，多くの，そして，色々な取引を記帳するために，資産，負債，純資産，収益，費用を，それぞれ細かく分けています。そのように細かく分けられたものを勘定科目（以下，a/cを付記）といいますが，それにより，より具体的に，資産，負債，純資産，収益，費用をイメージすることができます。ただし，勘定科目が具体的だからといっても，通常の日常会話で使用する言葉よりは抽象的であることが多いです。たとえば，資産の中には備品a/cという勘定科目がありますが，これは，パソコン，机，イスなどを示す勘定科目です。“資産”よりは備品a/cの方が具体的ですが，それでも，パソコンや机といった日常用語よりは抽象的でしょう。勘定科目の学習では，多少の混乱もあるでしょうが，実務上の慣習によって決められたものとして割切って下さい。

　そこで，これまで，“資産”が増加した，といった表現をしていましたが，今後は勘定科目を使用していきます。もっとも，5つの要素の仕訳のルールに変更はありません。勘定科目がどの要素かさえ捉えていれば，基本的な仕訳のルールは同じです。基本的な会社の取引を大雑把に理解するとともに，基本的な勘定科目を記憶しつつ，具体的な期中取引の記帳方法に慣れることが大切です[1]。とりわけ，次の4点の習得が，本章の目的となります。

（1）収入と支出に関連する仕訳
（2）債権と債務に関連する仕訳
（3）所有者からの出資に関連する仕訳
（4）売買取引，特に，商品売買取引に関連する仕訳

4.1　収入と支出の処理の例

4.1.1　現金の支払（費用）

　資産は大体が財産ですので，現金a/cが資産なのは明らかです。通常の紙幣や硬貨がこれに該当します[2]。したがって，仕訳帳では，現金が増加すれば左側，減少すれば右側に

---

[1] 本テキストでは，仕訳の理解を優先させるため，たとえば費用の発生を“増加”とするなど，厳密性を欠いた表現を用いております。しかし，これは初学者を対象としているためであると御理解下さい。
[2] 重要な例外が存在しますが，それは第5章で説明します。

現金 a/c へメモします。現金 a/c が資産である以上，このルールに変更はありません。これをふまえ，現金支出によって生じる費用の勘定科目の一部をみていきましょう。もちろん，費用である以上，それらは，増加すれば左側，減少すれば右側に仕訳します。費用とは，それ自体 "消費（損）した価額" であり，目にみえる具体的なものではないことを確認しておきましょう。直感的には，現金支出により，"損した"，"消費した" と感じるような取引のことです。

・広告宣伝費 a/c

　会社は，自社の社名や製品などの知名度（ブランド）を上げるために広告や宣伝をおこないます。**広告宣伝費** a/c は，その場合に生じる費用の勘定科目です。費用に分類される勘定科目の大半は，資産がなぜ消費（損）されたかの説明となります。以下の【設例】をみれば，現金が減少した理由が広告宣伝への支出だったことが読取れるでしょう。

設 例 4−1

　広告費のために現金 100 円を支払った。

広告宣伝費 100 ／ 現　　　金 100

・保険料 a/c

　本社ビルなどの重要な財産が火災などによって喪失すれば，その会社は存続の危機となります。そうした事態に備え，会社は保険に加入するのが一般的です。保険加入のために一定の料金を支払った場合，**保険料** a/c という費用の勘定科目によって仕訳します。以下の【設例】をみれば，現金 100 円の減少が保険料への支払だったことが読取れるでしょう。

設 例 4−2

　保険に加入するために現金 100 円を支払った。

保　険　料 100 ／ 現　　　金 100

・支払利息 a/c

　会社が銀行などから借金すれば，将来，元本（借りている金額）に加え，一定割合の利息を支払うのが一般的です。資金を借りるというサービスへの代価が利息です。これを**支払利息** a/c という費用の勘定科目で仕訳する訳です。以下の【設例】をみれば，現金 100 円の減少が利息の支払だったことが読取れるでしょう。

設 例 4−3

　銀行からの借入について，本日，現金 100 円を利息として支払った。

$$支払利息100 / 現 \quad 金100$$

・給料 a/c

　会社が活動するためには従業員が必要です。彼らに労働サービスを提供してもらう代価として，会社は現金などを支払います。その場合，**給料** a/c という費用の勘定科目で仕訳します。

・水道光熱費 a/c

　会社が水道代，電気代やガス代を支払う場合には，費用である**水道光熱費** a/c で仕訳します。電気代のみでも，光熱費のみでも，この勘定科目を使用することに注意して下さい。

・支払家賃 a/c

　会社が自社ビルなどを保有していればよいのですが，そうでなければ事務所などを借りる必要があるでしょう。その場合には，家賃を支払うことになりますが，その際に生じる費用が**支払家賃** a/c です。なお，土地の支払の場合には，**支払地代** a/c という勘定科目もあります。

・旅費交通費 a/c

　電車代やタクシー代を支払った場合や従業員が通勤するための定期代を会社が負担する場合などには，**旅費交通費** a/c を使用します[3]。

・通信費 a/c

　会社は，顧客と連絡を取る場合に電話したり，書類を送付したりすることがあります。そのための切手代や葉書代，電話代，さらには，インターネット使用料は，**通信費** a/c を使って仕訳されます。特に，電話代という勘定科目は存在しないことに注意して下さい。

・租税公課 a/c

　大体の費用の勘定科目は，支払○○や○○費など，費用を連想させる表記がありますが，一部の費用で**租税公課** a/c のような一見分りにくいものもあります。これは，収入印紙の購入を通じた税金の支払や[4]，公共団体へ納める会費や罰金の支払時に使用する費用の勘定科目です。

3）なお，旅費 a/c や交通費 a/c といった勘定科目も存在しますが，本テキストでは使用しません。

4）先の切手もそうですが，収入印紙を購入後，期末で使用せずに残っている場合は，貯蔵品 a/c という資産で記録することになります。この点は第8章で説明します。

- **雑損 a/c**

　雑損 a/c とは，少額で重要性の乏しい（営業外）の費用や現金等が紛失したことが明らかになった場合に使用する費用の勘定科目です。今の段階で違いを理解するのは難しいかもしれませんが，現実では，営業活動にともなう少額で重要性の乏しいものを**雑費** a/c，営業活動以外の取引から生じる少額で重要性の乏しいものを雑損 a/c としています[5]。

⬚ 練習問題４−１

　次の取引を仕訳しなさい。

（１）書類を送るために，切手70円を現金で購入した。

（２）利息50円を現金で支払った。

（３）保険料100円を現金で支払った。

（４）収入印紙の購入として，20円を現金で支払った。

(1)				
(2)				
(3)				
(4)				

⬚ 練習問題４−２

　次の取引を仕訳し，総勘定元帳に転記しなさい。

（１）水道代1,500円を現金で支払った。

（２）現金でインターネット使用料1,000円を支払った。

（３）店舗の家賃100円を現金で支払った。

（４）現金100円を紛失したことが明らかとなった。

(1)				
(2)				
(3)				
(4)				

5）この雑損 a/c と雑費 a/c の違いに疑問を持った読者はすでに「会計学」の入り口に立っています。営業活動から生じた損とそれ以外から生じた損を区別できるようにしようというのがこのふたつの勘定科目の違いです。詳しくは会計学の教科書を参照して下さい。

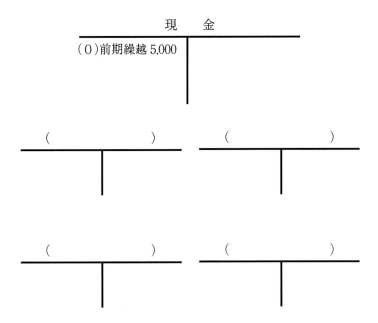

現　　金

（0）前期繰越 5,000

（　　　　　）　　　（　　　　　）

（　　　　　）　　　（　　　　　）

練習問題4－3

　これまでに出てきた費用の勘定科目を確認し，それぞれ3回ずつ書き写して記憶しなさい。

4.1.2　現金の受取（収益）

　現金支出によって費用が生じる取引は他にもあります。それらについては，今後，みていくことにしましょう。次に，現金収入によって収益が生じる基本的な取引をみていきましょう。収益は，増加すれば右側に，減少すれば左側に仕訳しました。収益は，そもそも"稼いだ価額"を示すものでした。資産である現金が増加し，儲けて嬉しいという気持ちが収益に反映されています。

・受取利息 a/c

　資金に余裕がある場合，会社は，他社に現金を貸付けることがあります。その際，将来，貸付けた金額（元本）が返済されるだけでなく，別途，利息を請求するのが一般的です。会社が資金の貸付けによる利息収入をえた場合，収益である**受取利息**a/cで仕訳をします。なお，貸付それ自体の増減に関する仕訳は後述します。

設　例　4－4

　以前の資金の貸付に関して，本日，現金100円を利息として受取った。

現　　　金 100 ／ 受 取 利 息 100

・受取配当金 a/c

　会社は，資金に余裕がある場合に売買を目的として，あるいは，他社を支配する目的で，他社の株式を保有することがあります。それにより，その会社から配当（利益の分配）を受取ることがあります。その場合，**受取配当金** a/c という収益の勘定科目で仕訳します[6]。

設例 4-5

　保有する A 社株式の配当として，現金 1,000 円を受取った。

現　　　金 1,000 / 受取配当金 1,000

・受取手数料 a/c

　簿記では，本業に関する取引とそうでないものを区別しようとします。会社は，メインの本業 "以外" の活動として，他社に誰かを紹介したり，取引の斡旋をしたりするなどして手数料を受け取ることがあります。その場合，**受取手数料** a/c という収益の勘定科目を使って仕訳することになります。

・雑益 a/c

　雑益 a/c とは，少額でそれほど重要でなく，他の収益の勘定科目に該当しない収入等があった場合に使用する収益の勘定科目です。

練習問題 4-4

　次の取引を仕訳し，総勘定元帳に転記しなさい。
（1）A 社への貸付金につき，現金 200 円を利息として受取った。
（2）B 社の株式につき，現金 100 円を配当として受取った。
（3）C 社に対する現金 1,000 円の貸付につき，現金 300 円を利息として受取った。
（4）営業外の活動として，不動産の仲介を行い，現金 100 円を手数料として受け取った。

(1)				
(2)				
(3)				
(4)				

6）必ずしも日商簿記 3 級の範囲ではないかもしれませんが，後述の利益処分の議論のため，またそもそも大学の学習としては理解しておきたい論点です。

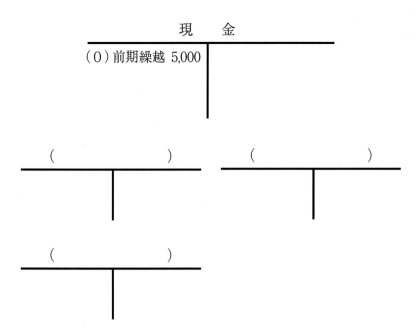

現　　金

(0) 前期繰越 5,000

(　　　　　)　　　　　(　　　　　)

(　　　　　)

練習問題 4 － 5

　これまでに出てきた収益の勘定科目を確認し，それぞれ 3 回ずつ書き写して記憶しなさい。

4.1.3　現金による資産の取得

　ここまで，現金 a/c のみを資産の勘定科目として紹介し，それ以外は，費用と収益の勘定科目でした。目にみえるものは，現金しかなく，その増減を費用と収益が説明しました。しかし，現金以外の財産があることは直感的にも理解できます。ここでは，イメージしやすい資産の例として当座預金と固定資産をみておきましょう。

　会社は，普通預金の他に，当座預金という口座をもつことがあり，これによって会社は後述する小切手などを振出せるようになります[7]。現金などを銀行の当座預金に預けた場合，**当座預金** a/c という資産の勘定科目で処理します。当座預金に現金を預ければ，当然，手元にある現金は減少するが，あげたわけではなく，いつでも口座から現金を引き出すことができます。資産が現金から当座預金にかわっただけです。以下の【設例】の仕訳をみれば，現金が 100 円減少して，当座預金が 100 円増加したことが読取れるでしょう。

設　例　4－6

　現金 100 円を A 銀行の当座預金に預けた。

当 座 預 金 100 / 現　　　金 100

　一般に，会社は，建物や土地といった固定資産を保有します。固定資産とは，おおざっ

---

7)　"振出"とは，小切手や手形を作成して発行することです。なお，手形に関しては第 6 章で学習します。

ぱには，1年を超えて使用する資産と考えればよいでしょう。勘定科目については，事務所，店舗，倉庫や工場などを**建物** a/c，パソコン，イス，机などを**備品** a/c，乗用車やトラックを**車両運搬具** a/c，土地を**土地** a/c とします。日常用語よりも抽象的な用語が，勘定科目となる点に注意して下さい。以下の【設例】の仕訳をみれば，現金が 60,000 円減少して，車両運搬具が 60,000 円増加したことが読取れるでしょう。

設 例 4-7

トラック4台を1台につき 10,000 円で，営業車1台を 20,000 円で購入し，現金を支払った。

車両運搬具 60,000 / 現　　金 60,000

練習問題4-6

次の取引を仕訳しなさい。

（1）営業のために車両を現金 100 円で購入した。

（2）使用目的で，倉庫を現金 200 円で購入した。

（3）使用目的で，土地を現金 100 円で購入した。

（4）パソコンと机を現金 200 円で購入した。

（5）当座預金口座を開設し，現金 300 円を預けた。

(1)				
(2)				
(3)				
(4)				
(5)				

4.2　債権（資産）と債務（負債）の例

次に，2章で簡単に触れましたが，債権と債務をみていきましょう。債権とは，将来，現金などを受取る権利だから，債権は財産であり，資産となります。他方，債務とは，将来，現金などを支払う義務でした。2章では，負債を借金の額として紹介しましたが，借金によって将来現金などを支払う義務が生じることに注意をして下さい。したがって，債務は負債として処理されることになります。会社は，こうした権利・義務に関する契約を一般におこなっています。以下で，債権と債務の具体的な勘定科目をみていきましょう。

・**貸付金** a/c（資産）**と借入金** a/c（負債）

現金などを他社に貸付けた場合には**貸付金** a/c（資産），逆に，現金などを他社から借入

れた場合には**借入金**a/c（負債）という勘定科目で仕訳します。会社が他社に現金を貸せば手元の現金は減少しますが，同時に，将来，現金を回収する権利（すなわち債権）をえます。現金を貸付けたからといって損が生じる訳ではありません。他方で，他社から現金を借入れて収入があったとしても儲けた訳ではありません。現金は増えるが，同時に，将来，現金を支払う義務（すなわち債務）が生じたからです。なお，これらの貸付や借入が決済された場合には，債権や債務が消滅することから，貸付金a/cや借入金a/cの残高を減少させることになります。

設例 4-8

次の取引を，A社とB社の立場からそれぞれ仕訳しなさい。

（1）本日，A社はB社に現金1,000円を貸付けた。

A社：貸　付　金 1,000 ／ 現　　　金 1,000
B社：現　　　金 1,000 ／ 借　入　金 1,000

（2）A社は，B社より貸付金の返済を受け，現金を受取った。

A社：現　　　金 1,000 ／ 貸　付　金 1,000
B社：借　入　金 1,000 ／ 現　　　金 1,000

・**未収入金**a/c（資産）と**未払金**a/c（負債）

建物など，固定資産の売買取引では，資産の受渡しと代金の支払に時間差が生じることがあります。資産は引渡したが代金は後日受取る，といった状況です。この場合，資産を売却した側では，資産の減少を記録するとともに，**未収入金**a/c（資産）で仕訳します。資産を引渡したにも関わらず代金を受取ってないため，将来，その代金を受取る権利が生じています。それを，未収入金a/cという資産の勘定科目で表現します。

他方で，資産の購入側では，仕訳上，資産の増加を記録するとともに，**未払金**a/c（負債）で処理します。資産を受取ったにも関わらず代金を支払っていません。それによって，会社には，将来，代金を支払う義務が生じます。それを，未払金a/cという負債の勘定科目で示すのです[8]。

8）なお，4.4.3で詳細を説明しますが，商品取引に関係する未収入額，未払額は，それぞれ売掛金a/c，買掛金a/cという別の勘定科目を使用するので特に注意をして下さい。商品売買は，会社の重要な取引であり，勘定科目も別なものにしようという訳です。

次の取引を，当社とＡ社それぞれの立場から，仕訳しなさい。

（1）当社は，店舗（帳簿上の価格は1,000円）を1,000円でＡ社に売却する契約をし，本日，店舗を引渡した。なお，代金は，後日，受取る予定である。

（2）（1）につき，本日，現金で清算された。

$$
\begin{array}{ll}
（1）当社： & 未 収 入 金 1,000 ／ 建　　　物 1,000 \\
　　　A社： & 建　　　物 1,000 ／ 未 払 金 1,000 \\
（2）当社： & 現　　　金 1,000 ／ 未 収 入 金 1,000 \\
　　　A社： & 未 払 金 1,000 ／ 現　　　金 1,000
\end{array}
$$

練習問題4－7

次の取引を仕訳しなさい。

（1）Ａ社に現金1,000円を貸付けた。

（2）（1）につき，Ａ社から現金1,000円が返済された。

（3）Ｂ社から現金2,000円を借入れた。

（4）（3）につき，Ｂ社からの借入金2,000円を現金で返済した。

（5）1,000円の建物を1,000円で売却し，代金を後日受取ることにした。

（6）上記の未収入金1,000円を現金で回収した。

（7）営業車を2,000円で購入し，代金は後日，支払うことにした。

（8）上記の未払金2,000円を現金で支払った。

(1)				
(2)				
(3)				
(4)				
(5)				
(6)				
(7)				
(8)				

・**仮払金** a/c（資産）と**仮受金** a/c（負債）

　会社は“とりあえず”現金を手渡すことがあります。たとえば，従業員の出張時，旅費なのか，他の用途で使用されるか不明だが，とりあえず現金を手渡しておきます。この段階では，用途の内容は分かりません。この際，仕訳上，現金の減少とともに生じるのが**仮払金** a/c（資産）です。会社は，“とりあえず”渡しているのであって，現金をあげたわけ

ではありません。損したわけではなく，現金が使用されなければ回収することになります。したがって，仮払金 a/c は資産の勘定科目となります。なお，取引の内容や金額が後に確定すれば，仮払金 a/c を減少させ，適切な勘定科目に振替ることになります[9]。

　他方，会社は，理由の不明な現金などを受けとることがあります。たとえば，得意先が商品の購入のために当社の銀行口座に入金したが，その旨を当社に通知していない，といった場合です。取引の内容が確定していない（よく分からない）入金に対しては，仕訳では，**仮受金** a/c（負債）という勘定科目を使用します。会社からすれば，"とりあえず"受け取っただけで，相手から請求があれば返還しなければなりません。将来，返済しなければならない可能性があるのですから，仮受金 a/c は負債の勘定科目となります。なお，後に入金等に関する取引の内容が確定すれば，適切な勘定科目に振替ることになります。

設 例 4−10

　次の取引を仕訳しなさい。
　（1）従業員に，現金 1,000 円をとりあえず手渡した。
　（2）本日，（1）について，旅費として 1,000 円を使用した旨の報告を受けた。
　（3）内容不明の入金 1,000 円が当座預金に振込まれていた。
　（4）本日，（3）の入金が，過去の貸付金に対する払込であることが判明した[10]。

　　　　　（1）仮 払 金 1,000 ／ 現　　金 1,000
　　　　　（2）旅費交通費 1,000 ／ 仮 払 金 1,000
　　　　　（3）当 座 預 金 1,000 ／ 仮 受 金 1,000
　　　　　（4）仮 受 金 1,000 ／ 貸 付 金 1,000

・立替金 a/c（資産）と預り金 a/c（負債）

　立替金 a/c（資産）とは，本来，他社が支出（負担）すべきものを，一時的に立替えて支払った場合に使用する勘定科目です。立替えた以上，後で返済を受けるはずであり，会社には，将来，現金などを受けとる権利が生じます。当社が負担しないものは費用としません。費用として処理することは，当社の負担を意味するからです。したがって，その返済を受けるまでの間，立替金 a/c という資産の勘定科目で仕訳をします[11]。

　他方，会社は，取引先などから，現金などを一時的に預かることがあり，その場合，**預り金** a/c（負債）を使用します[12]。預かっている以上，あくまで他人の現金を保管しているだけです。返還の請求があれば，会社は応じることになるため，この勘定科目は負債となります。

9）「振替」については，3.4.2 を参照して下さい。

10）貸付金 a/c は，すでに過去に仕訳されていることに留意して下さい。

11）なお，立替金のうち，会社内部の従業員への立替えについては，会社外部のものと区別するため，特に，従業員立替金 a/c という勘定科目を使用します。

次の取引を仕訳しなさい。

（1）会社は，A社が本来負担すべき1,000円を，代わりに現金支出した。

（2）本日，（1）について，A社から現金1,000円を受け取った。

（3）他社から現金2,000円を一時的に預かった（借りる意図はない）。

（4）本日，（3）について，他社へ現金2,000円を返金した。

（1）立 替 金 1,000 / 現 　 金 1,000

（2）現 　 金 1,000 / 立 替 金 1,000

（3）現 　 金 2,000 / 預 り 金 2,000

（4）預 り 金 2,000 / 現 　 金 2,000

練習問題 4 − 8

次の取引を仕訳しなさい。

（1）出張に際し，現金300円を従業員に手渡した。

（2）従業員の出張時に渡した300円が交通費として使用された旨の報告を受けた。

（3）顧客から内容不明の入金4,000円が当座預金にあった。

（4）他社負担の手数料を立替払いし，現金5,000円を支払った。

（5）A社から現金1,000円を預かった。

（6）B社に対して現金500円を貸付けた。

（7）（6）につき，本日，現金で返済された。

（8）トラック100円を購入する契約をし，引渡しを受けたが，代金は後日支払った。

（9）本日，（8）の代金を現金で支払った。

12）なお，たとえば社会保険料預り金a/cといった，より具体的な勘定科目を使用することもあります。社会保険という用語は難しいですが，要するに，病気や失業，退職後の年金など，従業員等が困った時に備えるために，一定規模の会社について法律で要請される保険（制度）のことです。会社と従業員等の双方で負担することになっており，従業員等の負担部分を給料の支給時に支払いから控除し，会社が一時的に預かることになります。ここで，社会保険料預り金a/cが使用されます。簿記の学習を通じて，このような会社の制度についても勉強していくとよろしいでしょう。

(1)			
(2)			
(3)			
(4)			
(5)			
(6)			
(7)			
(8)			
(9)			

練習問題4－9

次の取引を仕訳しなさい。

（1）今月の従業員の通勤のための定期代3,000円を現金で支払った。

（2）トラック1台を5,000円で購入し，代金は後払いとした。

（3）資金に余裕があったため，A社に現金6,000円を貸し付けた。

（4）インターネット代5,000円を現金で支払いった。

（5）新商品売り出しのための新聞広告の代金として，4,000円を現金で支払った。

（6）工場移転にともない，使用しなくなった土地3,000円を本日，B社に同額で売渡し，代金は1カ月後に受け取る契約を交わした。

（7）C社から株式の保有にともなう配当2,500円を現金で受け取った。

（8）貸付5,000円にともなう利息100円を現金で受け取った。

（9）事務所を借りる契約をし，今月分の家賃200円を現金で支払った。

(1)			
(2)			
(3)			
(4)			
(5)			
(6)			
(7)			
(8)			
(9)			

4.3 所有者からの出資

4.3.1 出資された額とこれまでの儲け

　会社の株主（所有者）による出資は，会社設立時はもとより，設立後でもおこなわれます。仕訳では，現金などの増加とともに純資産の勘定科目である**資本金** a/c を増加させます。純資産の勘定科目は，増加すれば右側に，減少すれば左側に仕訳しました。勘定科目が資本"金"となっているため誤解されやすいが，資本金 a/c は，株主から出資された"金額"を示すのみであり，現金それ自体を示す訳ではない。なお，出資とは反対に，現金を所有者に返還する，減資といわれる取引もあり，その場合，資本金 a/c を減少させることになります。

　ところで，前章でみたように，期末の決算振替時，損益 a/c の残高（当期純利益相当額）を純資産に振替えました。会社の儲けは，所有者にとっての儲けであり，所有者の持分を示す純資産の増加としました。純資産は，出資者から出資された額と，会社の儲けの額からなります。そこで，両者を区別するため，前者を資本金 a/c，後者を**繰越利益剰余金** a/c とします。これも勘定科目が「金」で終わるが，特段，現金を示す訳ではなく，単純に，これまで会社が稼いできた儲けの残りを示しただけです。そもそも，抽象的であり，くれぐれも，具体的な何かをイメージすることはやめましょう。純資産を株主が実際に出資した額を資本金 a/c，会社がこれまで稼いだ儲けの額を繰越利益剰余金 a/c とするだけです。

設 例 4-12

　次の取引を仕訳しなさい（（3）は期中取引ではない）。

（1）会社の所有者からの出資があり，現金 2,000 円を受取った。

（2）株主から現金 1,000 円の出資を受けた。

（3）当期純利益に関する決算振替時に，損益 a/c の残高 100 円を繰越利益剰余金とした。

(1) 現	金 2,000	/ 資	本	金 2,000	
(2) 現	金 1,000	/ 資	本	金 1,000	
(3) 損	益 100	/ 繰越利益剰余金	100		

練習問題 4-10

　次の取引を仕訳しなさい（（3）は期中取引ではない）。

（1）新株発行にともない現金 1,000 円を受取った。

（2）減資をおこない，株主に現金 100 円を渡した。

（3）当期純利益 100 円を計上し，決算振替時に純資産を増加させた。

(1)				
(2)				
(3)				

4.3.2 株主への配当

そもそも，会社の所有者である株主は，なぜ株主になるのでしょうか。もちろん，色々な理由がありえますが，基本的には，自身の資金を増加させるためでしょう。自身の資金を会社に託し，会社が資金を増加させて株主にそれを分配する訳です。実際，少なくとも年に一回，期末から３カ月以内に株主総会という重要なイベントが開かれ[13]，一般に，どの程度株主に儲けを分配するかがそこで議論さます。貸借対照表や損益計算書といった財務諸表は期末で決算をおこない，帳簿もその日付で締め切られますが，実際に，それらが公表され，その内容が検討されるのは，数カ月後となります。

株主総会で配当の額が決まれば，その額だけ，利益の累積である繰越利益剰余金 a/c の残高が減少されます。その場で現金が支給されれば，現金 a/c の減少と繰越利益剰余金 a/c の減少が仕訳されますが，一般には，株主総会で配当としての支給額が確定するのみで，その場で現金が支給される訳ではありません。その場合，配当として将来支払う金額が確定した段階で債務が発生し，**未払配当金** a/c という負債が記録されることになります。

設 例 4−13

次の取引を仕訳しなさい。
（1）株主に総額 100 円の配当をすることを決定し，現金を支払った。
（2）株主に総額 100 円の配当をすることを決定しましたが，支払いは後日となった。
（3）（2）の後，現金 100 円を株主に配当した。

> （1）繰越利益剰余金 100 / 現　　　金 100
> （2）繰越利益剰余金 100 / 未 払 配 当 金 100
> （3）未 払 配 当 金 100 / 現　　　金 100

練習問題 4−11

次の一連の流れを仕訳しなさい（（1）（2）は期中取引ではない）。
（1）当期の収益は手数料の受取 100 円，費用は給料 70 円のみであり，帳簿には正しく記帳されていた。本日，決算日となり，決算振替を仕訳し，これらを損益 a/c に振替えた。
（2）（1）の直後，損益 a/c の残高を純資産の増加として仕訳した。
（3）（2）の後，株主総会で 10 円を配当することが決定した。
（4）（3）で決定した金額だけ現金を株主に支払った。

---

13) 大きな会社の多くは，３月末を期末としております。その３カ月後ということで，6月の下旬になると株主総会のニュースが新聞等で取り上げられることになります。

（1）				
（2）				
（3）				
（4）				

4.4　売買の取引

　会社の主たる取引は商品に関するもので，仕入先から商品を安く仕入れ，それを得意先（顧客）に高く売ることが基本となります[14]。ここでは，そうした売却をするために保有する商品の取引と，使用するために保有する固定資産の売却の仕訳をみていきましょう。

4.4.1　固定資産の売却

　まずは，固定資産からみます。購入時の基本的な処理についてはすでに4.1.3で触れています。ここでは売却の処理をみましょう。なお，以後の仕訳では，左側の勘定科目と右側の勘定科目の数が異なることがあります。とはいえ，仕訳上，左右の金額の合計が一致していれば問題はありません。重要なのは左の合計金額と右の合計金額の一致です。

　固定資産の売却時，資産が減少するから固定資産の勘定科目を右側に仕訳し，他方で，売却代金をえることから現金 a/c などを左側に仕訳します。代金が未回収であれば未収入金 a/c で処理します。なお，帳簿上の価額（簿価）と売却価額（時価）が異なっていれば，簿価と時価の差額は収益や費用として仕訳します。売却時，簿価よりも時価が高ければ（儲かっていれば）差額を**固定資産売却益** a/c（収益），簿価よりも時価が低ければ（損していれば）その差額を**固定資産売却損** a/c（費用）で仕訳します。

設例 4－14

　次の取引を仕訳しなさい。
（1）簿価が200円の建物を300円で売却し，現金を受取った。
（2）簿価が100円の車両を80円で売却し，現金を受取った。

　　　　　（1）現　　　　　金 300／建　　　　　物 200
　　　　　　　　　　　　　　　　　　固定資産売却益 100
　　　　　（2）現　　　　　金　80／車両運搬具 100
　　　　　　　　固定資産売却損　20

14）もちろん，社会貢献のみを目的とする非営利団体も存在しますが，それらは定義上，会社でないから考えません。よいか悪いかはともかく，あくまで営利目的の会社を前提とします。

次の取引を仕訳しなさい。

（1）店舗（簿価300円）を250円で売却し，現金を受取った。

（2）土地（簿価500円）を400円で売却し，代金は後日，受取った。

（3）簿価1,000円のトラックを1,200円で売却し，現金を受取った。

（1）				
（2）				
（3）				

4.4.2 商品の基本的な売買取引

ひとつの取引について2種類の仕訳の方法があることに違和感を覚えるかもしれませんが，"商品"売買の仕訳には，**分記法**と**三分法**というふたつの仕訳の方法があります。分かりやすいのは分記法ですが，実務では三分法が多く使用されます。このふたつをまったく異なる仕訳の方法と感じるかもしれませんが，どちらの方法を採用しても，本質的な違いはなく，計算される当期純利益の価額に変化はありません。

4.4.2.1 分記法

分記法とは，**商品**a/c（資産）と**商品売買益**a/c（収益）という勘定科目を使用して商品の取引を仕訳する方法です。商品を仕入れた場合に商品a/cを増加させ，売上げた際に，商品a/cを減少させ，売却額と売上げた商品の原価（仕入れた価額）の差額を商品売買益a/cとして計上します。すでにみている固定資産の売却時の仕訳と同じ考え方です。

設 例 4 －15

次の取引を分記法で仕訳しなさい。

（1）商品を100円で仕入れ，現金を支払った。

（2）簿価100円の商品を売上げ，現金200円を受取った。

> （1）商　　　品 100 / 現　　　金 100
> （2）現　　　金 200 / 商　　　品 100
> 　　　　　　　　　　　　商品売買益 100

次の取引を分記法で仕訳しなさい。

（1）現金 500 円で商品を仕入れた。

（2）（1）の商品を現金 600 円で売上げた。

（3）現金 1,000 円で商品を仕入れた。

（4）（3）の商品のうち，半分を現金 1,000 円で売上げた。

(1)				
(2)				
(3)				
(4)				

4.4.2.2 三分法

100 円で仕入れた商品を 200 円で売上げれば儲けは 100 円です。分記法では，儲けの 100 円をそのまま収益として仕訳しました。ただ，この方法だと 10,000 円の商品を 10,100 円で売却しても，100 円の商品を 200 円で売却しても，同じ収益 100 円が記録されます。分記法を用いると，損益計算書では儲けの純額しか示せず，これらを区別できません。とはいえ，これらの取引が異なるのは理解できるでしょう。効率の観点からみれば後者がよいのは明らかである。

分記法に対して，商品取引の記録では，商品の売上げによって顧客からえた収入を "収益"，商品の仕入時に支払った支出を "費用" とし，その差額を儲けとする**三分法**もあります。三分法とは，**売上** a/c（収益），**仕入** a/c（費用），**繰越商品** a/c（資産）の 3 つの勘定科目によって商品売買を仕訳する方法です。三分法では，期中，商品を仕入れたらその価額を仕入 a/c，商品を売上げたらその価額を売上 a/c で仕訳します。繰越商品 a/c の役割や，そもそもなぜ商品という財産を購入したのに費用で処理するのかは，8 章の決算整理の説明で明らかになります。

設　例 4－16

次の取引を三分法で仕訳しなさい。

（1）商品を 100 円で仕入れ，現金を支払った。

（2）簿価 100 円の商品を売上げ，現金 200 円を受取った。

（1）仕　　入 100 / 現　　金 100

（2）現　　金 200 / 売　　上 200

次の取引を三分法で仕訳しなさい。

（1）現金 500 円で商品を仕入れた。

（2）（1）の商品を現金 600 円で売上げた。

（3）現金 1,000 円で商品を仕入れた。

（4）（3）の商品のうち，半分を現金 1,000 円で売上げた。

（1）				
（2）				
（3）				
（4）				

4.4.3　商品売買に関連する債権・債務

　固定資産の売買では，代金の未回収額は未収入金 a/c，未払額は未払金 a/c で仕訳しました。このような，資産の引渡しと代金の支払いの時間差は，商品売買でも生じます[15]。ただ，商品の取引は会社のメインであり，とても重要です。そこで，他の取引と区別するため，商品関連の勘定科目は他の取引とは別のものとなります。すなわち，商品代金の未回収額は**売掛金** a/c（資産），未払額は**買掛金** a/c（負債）という，商品に固有の勘定科目となります。

設　例　4 − 17

次の取引を三分法で仕訳しなさい。

（1）商品を 100 円で仕入れたが，掛とし，後日支払うことになった。

（2）上記（1）について，本日代金 100 円を現金で支払った。

（3）商品を 300 円で売上げ，掛とした。

（4）上記（3）について，本日代金 300 円を現金で受取った。

$$（1）仕　　　入 100 / 買　掛　金 100$$
$$（2）買　掛　金 100 / 現　　　金 100$$
$$（3）売　掛　金 300 / 売　　　上 300$$
$$（4）現　　　金 300 / 売　掛　金 300$$

　商品の売買契約時，受渡前に代金の一部（手付金や内金といわれる）が発生することがあります。このとき，買い手が支払う手付金は**前払金** a/c（資産），売り手が受取る手付金は**前受金** a/c（負債）で仕訳します。前払金 a/c が資産とされるのは，商品それ自体の受渡しがされていないため，手付金を取引相手に預けただけで，商品の授受がされなければ返還

---

15) 後で払う（もらう）という意味で，カケやツケといわれるものです。

される性格のものだからです。同様に，前受金 a/c は，商品の授受のまえに資金を預かっただけで，商品が取引されなければ返還しなければならないものだから，負債となります。

設 例 4-18

以下の問につき，それぞれの会社の取引を仕訳しなさい。

（1）A 社と B 社は商品売買に関する契約をし，発送に先立ち，A 社は手付金として B 社に現金 100 円を支払った。

（2）本日，（1）の商品 250 円が受け渡され，販売価格と手付金の差額が現金で支払われた。

```
（1）（A）前  払  金 100 ／ 現     金 100
    （B）現     金 100 ／ 前 受 金 100
（2）（A）仕     入 250 ／ 現     金 150
                      前  払  金 100
    （B）現     金 150 ／ 売     上 250
        前 受 金 100
```

練習問題 4-15

次の取引を仕訳しなさい。

（1）店舗（簿価 1,000 円）を 2,000 円で売却し，代金を後日受取ることになった。

（2）商品 1,000 円を掛で購入した（三分法）。

（3）商品を 2,000 円で売却し，代金は掛とした（三分法）。

（4）商品売買契約をし，受渡前に，手付金として現金 300 円を支払った。

（5）商品売買契約をし，受渡前に，手付金として現金 300 円を受取った。

（6）商品 1,000 円を掛で購入した（分記法）。

（7）（6）の商品を 2,000 円で売却し，代金は掛とした（分記法）。

（1）				
（2）				
（3）				
（4）				
（5）				
（6）				
（7）				

4.5 本章のまとめ

　本章では，基本的な期中取引を大雑把にみてきました。具体的な勘定科目が登場し，戸惑った人も多かったかもしれません。こうした勘定科目の名称と，それが5つの要素のどれに属するのかは，ひとつひとつ記憶するしかありません。ただ，それらを記憶しさえすれば，仕訳で戸惑うことはそれほどないでしょう（試算表を正確に記憶していればの話ですが）。以下で，本章で登場した勘定科目と，それがどの要素に属すのかをまとめておきます。

費用の勘定科目（増加は左側，減少は右側）

広 告 宣 伝 費 a/c：広告や宣伝等へ支出する場合に用いる勘定科目

保　　険　　料 a/c：保険料金を支払う場合に用いる勘定科目

支 払 利 息 a/c：借入にともなう利息を支払う場合などに用いる勘定科目

給　　　　　料 a/c：給料を支払う場合などに用いる勘定科目

水 道 光 熱 費 a/c：水道代，電気代やガス代を支払う場合などに用いる勘定科目

支 払 家 賃 a/c：家賃を支払う場合などに用いる勘定科目

支 払 地 代 a/c：地代を支払う場合などに用いる勘定科目

旅 費 交 通 費 a/c：旅費や交通費への支出する場合などに用いる勘定科目

通　　信　　費 a/c：電話代や葉書代への支出する場合などに用いる勘定科目

租 税 公 課 a/c：収入印紙による納税や公共団体への会費や罰則を支払う場合などに用いる勘定科目

雑　　　　　損 a/c：少額で重要性の乏しい営業外活動にともなって支出する場合や現金等の紛失した場合などに用いる勘定科目

雑　　　　　費 a/c：少額で重要性の乏しい営業活動にともなって支出する場合などに用いる勘定科目

固定資産売却損 a/c：固定資産の売却によって損した場合に用いる勘定科目

仕　　　　　入 a/c：三分法で使用するもので，商品を仕入れた場合などに用いる勘定科目

収益の勘定科目の例（増加は右側，減少は左側）

受 取 利 息 a/c：貸付による利息の受取りがあった場合などに用いる勘定科目

受 取 配 当 金 a/c：株式投資にともなう配当の受取りがあった場合などに用いる勘定科目

受 取 手 数 料 a/c：本業以外の取引から生じる手数料の受取りがあった場合などに用いる勘定科目

雑　　　　　益 a/c：少額の収入や原因不明の収入があった場合などに用いる勘定科目

固定資産売却益 a/c：固定資産の売却によって儲けた場合に用いる勘定科目

商 品 売 買 益 a/c：分記法で使用する，商品の売買によって儲けた場合に用いる勘定科目

売　　　　　上 a/c：三分法による，商品の売買によって儲けた場合などに用いる勘定科目

資産の勘定科目の例（増加は左側，減少は右側）

現　　　　　金a/c：紙幣や硬貨といった現金と同等なもの

当 座 預 金a/c：銀行に開設された当座預金

建　　　　　物a/c：事務所，店舗，倉庫や工場など

備　　　　　品a/c：パソコン，イス，机など

車 両 運 搬 具a/c：乗用車やトラックなど

土　　　　　地a/c：土地など

貸　付　　金a/c：現金などの貸付による債権

未 収 入 金a/c：商品取引以外の未回収の債権

仮　払　　金a/c：使途が不確定な支出額など

立　替　　金a/c：取引先が支出（負担）すべきものの立替による未回収の債権

商　　　　　品a/c：分記法で使用する商品

繰 越 商 品a/c：三分法で使用する商品（決算整理で処理）

売　掛　　金a/c：商品取引における未回収の債権

前　払　　金a/c：商品取引における手付金・内金の支払額

負債の勘定科目（増加は右側，減少は左側）

借　入　　金a/c：現金などの借入による債務

未　払　　金a/c：商品取引以外の未払の債務

仮　受　　金a/c：理由が不明確な収入額など

預　り　　金a/c：他社などから一時的に預かった資金

未 払 配 当 金a/c：配当額決定後の未払額

買　掛　　金a/c：商品取引における未払の債務

前　受　　金a/c：商品取引における手付金・内金の受取額

純資産の勘定科目（増加は右側，減少は左側）

資　本　　金a/c：所有者の出資額

繰越利益剰余金a/c：利益の累積額

第4章　章末問題

章末問題4－1

次の期中取引を仕訳しなさい。

（1）株主から1,000円の出資があり，現金を保有した。

（2）新製品の広告のために業者に現金200円を支払った。

（3）400円分の商品を仕入れ，掛とした（三分法）。

（4）商品を500円で売上げ，掛とした（三分法）。

（5）買掛金400円を現金で支払った。

（6）売掛金 500 円を現金で回収した。

（7）当座預金を開設し，現金 100 円を預けた。

（8）店舗を 500 円で購入し，現金を支払った。

（9）店舗に対して火災保険をかけ，現金 100 円を支払った。

（10）営業活動にともなう少額の費用 20 円を現金で支払った。

（11）保有する株式について配当金として現金 10 円を受取った。

（12）給料 100 円について，従業員負担の社会保険料 20 円を控除して現金で支払った。

（13）従業員の出張に際し，とりあえず，現金 300 円を手渡した。

（14）（13）につき，旅費 100 円，電話代 200 円で使用したと報告を受けた。

（15）A 社に現金 200 円を貸付けた。

（16）原因不明の入金 200 円が当座預金にあった。

（17）A 社より連絡があり，（16）の入金が貸付金の返済であることが判明した。

（18）現金 1,000 円を銀行から借入れ，現金を保有した。

（19）借入にともなう利息 10 円を現金で支払った。

（20）借金のうち 500 円を現金で返済した。

（21）従業員が負担すべき家賃を 100 円現金で支払った。

（22）従業員から立替分 100 円を現金で受取った。

（23）店舗（簿価 500 円）を 400 円で売却し，代金は後日受取ることにした。

（24）（23）に関連する店舗の代金 400 円を現金で受取った。

（25）備品を 100 円分購入したが，代金は後日，支払うことにした。

（26）（25）に関する未払額 100 円を現金で支払った。

（27）減資として，株主に現金 200 円を支払った。

（28）商品購入に先立ち，手付金 10 円を現金で支払った。

（29）（28）につき，商品 100 円を仕入れ，現金 90 円を支払った（三分法）。

（30）配当額 100 円が確定した。

（1）				
（2）				
（3）				
（4）				
（5）				
（6）				
（7）				
（8）				
（9）				
（10）				
（11）				
（12）				
（13）				
（14）				
（15）				
（16）				
（17）				
（18）				
（19）				
（20）				
（21）				
（22）				
（23）				
（24）				
（25）				
（26）				
（27）				
（28）				
（29）				
（30）				

次の期中取引を仕訳しなさい。

（１）株主から 100 円の出資があり，現金を受取った。

（２）トラック３台を１台につき 100 円で，営業車１台を 200 円で購入し，現金を支払った。

（３）会社は，Ａ社が本来負担すべき 100 円を，代わりに現金支出した。

（４）本日，上記（３）について，Ａ社から現金 100 円を受取った。

（５）他社から現金 200 円を一時的に預かった（借りる意図はない）。

（６）本日，上記（５）について，他社へ現金 200 円を返金した。

（７）当期純利益に関する決算振替時に，損益a/cの残高 100 円を繰越利益剰余金とした。

（８）株主に総額 100 円の配当をすることを決定したが，支払いは後日となった。

（９）上記（８）の後，現金 100 円を配当した。

（10）商品を 100 円で仕入れ，現金を支払った（分記法で仕訳すること）。

（11）現金 500 円で商品を仕入れた（三分法で仕訳すること）。

（12）簿価 100 円の商品を売上げ，現金 300 円を受取った（三分法で仕訳すること）。

（13）商品を 100 円で仕入れたが，掛とし，後日支払うことにした（三分法で仕訳すること）。

（14）上記（13）について，本日，代金 100 円を現金で支払った（三分法で仕訳すること）。

（15）商品を 500 円で売り上げ，掛とした（三分法で仕訳すること）。

（16）Ａ社とＢ社は商品売買に関する契約をし，発送に先立ち，Ａ社は手付金としてＢ社に現金 100 円を支払った。Ａ社の仕訳を示しなさい。

（17）上記（16）について，Ｂ社の仕訳を示しなさい。

（18）当社は，店舗（簿価 100 円）を 100 円でＡ社に売却する契約をし，本日，店舗の引き渡しをおこなった。なお，代金は，後日，受取る予定である。当社の仕訳を示しなさい。

（19）上記（18）について，Ａ社の仕訳を示しなさい。

（20）上記（18）につき，本日，現金で精算された。当社の仕訳を示しなさい。

（21）上記（20）について，Ａ社の仕訳を示しなさい。

（22）現金 100 円をＡ銀行の当座預金に預けた。

（23）銀行からの借入について，本日，現金 100 円を利息として支払った。

（24）従業員に，現金 100 円をとりあえず手渡した。

（25）本日，上記（24）について，旅費として 100 円を使用した旨の報告を受けた。

（26）内容不明の入金 100 円が当座預金に振り込まれていた。

（27）本日，上記（26）の入金が，過去の貸付金に対する払込であることが判明した。

（28）株主に総額 100 円の配当をすることを決定し，現金を支払った。

（29）会社の所有者から出資があり，現金 200 円を受取った。

（30）保険に加入するため，現金 100 円を支払った。

（1）				
（2）				
（3）				
（4）				
（5）				
（6）				
（7）				
（8）				
（9）				
（10）				
（11）				
（12）				
（13）				
（14）				
（15）				
（16）				
（17）				
（18）				
（19）				
（20）				
（21）				
（22）				
（23）				
（24）				
（25）				
（26）				
（27）				
（28）				
（29）				
（30）				

第5章

現金・預金に関する期中取引

　会社がおこなう，基本的な期中取引の仕訳をみることで，簿記に慣れることが前章の目的でした。ここまでの内容をしっかり勉強すれば，簿記の本質に対する深い理解がえられるはずです。その意味で，これまでの章は，簿記を勉強するにあたって，最も重要な土台づくりとなるものです。

　ただし，実務で使われる本格的な簿記を理解するには，この土台のうえに，より実践的な知識を積み重ねる必要があります。そのためには，個々の取引に焦点をあてて，仕訳をはじめとした具体的な手続きを理解する必要があります。そこで，手始めとして本章では，現金・預金を取りあげます。とりわけ，次の以上4点の習得が，本章の目的となります。

（1）通常のイメージとはことなる**現金** a/c の範囲とその仕訳
（2）現金の帳簿上の残高と実際の保有金額に差異が生じた場合の仕訳
（3）当座預金口座と小切手の流れの理解とその仕訳
（4）定額資金前渡制度の理解とその仕訳

5.1　現金 a/c の範囲

　簿記の実務で現金 a/c を使用するのは，紙幣や貨幣を使った取引のみではありません。紙幣や貨幣でなくても，**一定額を無条件で換金可能なもの（すぐに現金に換えられるもの）**も，現金 a/c で仕訳します。具体的には以下のものがあります（ただし，(c) については，5.3 で詳しくみることにします）。

（a）硬貨や紙幣
（b）普通為替証書
（c）他人が振出した小切手
（d）送金小切手

設　例　5−1
商品を 500 円で売上げ，現金を受取った。三分法で仕訳せよ。

$$現　　金 500 / 売　　　上 500$$

5.1.1　普通為替証書

　会社は，売買取引において代金の支払うさいに，その手段として現金ではなく，**普通為替証書**を使うことがあります。普通為替証書とは，送金のために郵便局等で発行してもらう証書をいいます。たとえば，遠方の取引相手に直接現金を手渡しする場合，途中で紛失や盗難にあうかもしれませんし，失われた現金を取戻すことができないかもしれません。しかし，現金を普通為替証書にかえておけば，紛失・盗難にあったとしても，即座に郵便局等に通知することで，証書の効力を失効させる（証書を換金できなくさせる）ことが可能となります。紛失や盗難のリスクを避けるために，取引の決済に普通為替証書が使われることがあるわけです。

　ではまず，普通為替証書のしくみを，下図で確認しておきましょう。はじめに，（1）現金を郵便局等に支払います。（2）郵便局等は受取った現金と同額の普通為替証書を発行します。（3）会社は取引の支払いとして普通為替証書を使用します。（4）普通為替証書を受取った者が郵便局等に提示します。（5）郵便局等から現金を受取ります。

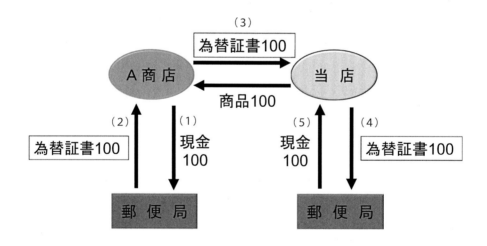

　（3）の取引で，当店が普通為替証書を受取ったとき，実際に現金を受け取ったわけではないのに，帳簿上では，即座に現金a/cを増加させる仕訳をおこないます。郵便局等に提示すれば即座に換金できるため，これを受け取った時点で現金が増加したとみなすわけです。

設例　5－2
　商品を売上げ，普通為替証書100円を受け取った（三分法）。

$$現　　金 100 / 売　　　上 100$$

練習問題 5－1

次の取引を仕訳せよ。

（1）取引先を紹介し，その手数料として，普通為替証書500円が送られてきた。

（2）商品を売上げ，普通為替証書300円を受け取った（三分法）。

（3）売掛金の回収（決済）として，普通為替証書400円を受取った。

（1）				
（2）				
（3）				

5.1.2　他人が振出した小切手

　小切手とは，それを振出した者の当座預金口座から，現金を引出すことを可能とする証券です。帳簿上，他人が振出した小切手を受取った場合，会社は，即座に現金a/cを増加させる仕訳をおこないます。小切手を受取った者はそれを銀行に提示することで現金化できるからです。当座預金や小切手については，ここでは仕訳のみ確認しておき，詳細は後述することにします。

設 例 5－3

　貸付金の利息として，500円の他人が振出しの小切手を受け取った。

現　　　金 500 ／ 受 取 利 息 500

5.1.3　送金小切手

　小切手の一種に送金小切手があります。送金小切手とは，遠方にいる受取人に金銭を送付したい場合，現金に代えて受取人へ送付するための小切手です。帳簿上，他人が振出した小切手と同様に，送金小切手を受取った場合にも，会社は，即座に現金a/cを増加させる仕訳をおこないます。郵便為替証書や他人が振出した小切手と同様，送金小切手を受取った者はそれを銀行に提示することで現金化できるからです。

設 例 5－4

　商品を売上げ，送金小切手100円を受け取った（三分法）。

現　　　金 100 ／ 売　　　上 100

練習問題 5－2

次の取引を仕訳せよ。

（1）A社に商品を売上げ，100円の送金小切手を受け取った（三分法）。

（2）A社に対する貸付金500円を，その利息5円とともにA社が振出した小切手で回
収した。

（1）				
（2）				

5.2　現金過不足

　会社の保有する現金は，通常，金庫などに保管します。その金額（有高^{ありだか}）は，記録が正
確であれば，帳簿上でも確認できるはずです。しかし，記帳漏れや保管時に紛失した場合
など，実際の有高と帳簿上の残高が一致しないことも考えられます。そうした場合の仕訳
についてみていきましょう。

　まず，総勘定元帳の現金 a/c の残高と，金庫にある実際の現金の有高との間に不一致が
判明した場合，とりあえず，実際の現金有高にあわせるため，**現金過不足** a/c（どの要素
か不定）をつかって現金 a/c の残高を修正します。帳簿はあくまでも，実際の状況を反映
するものなので，実際有高にあわせるために帳簿残高を修正するわけです。そして，帳簿
と実際の差異の原因が判明した段階で，現金過不足 a/c の残高を適切な勘定科目に振替え
ることになります。なお，期末（決算日）になっても不一致の原因が判明しなければ，現
金過不足 a/c の残高を雑損 a/c（費用）か，雑益 a/c（収益）へ振替えることになりますが，
こうした決算整理の詳細については後述することとし，本節では，期中取引に焦点をあて
ていきます。

設例 5－5

　総勘定元帳の現金 a/c 残高は 1,000 円であったが，金庫には 900 円しかないことが判明
した。差異の理由は不明である。

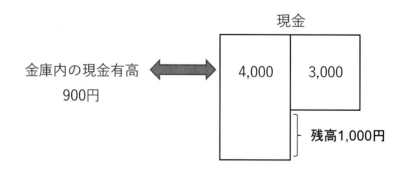

　まず，100 円分の帳簿残高と実際有高の不一致が判明したことから，現金 a/c の残高を
100 円分だけ減らし，900 円とします。仕訳の相手勘定は，不一致の原因が判明するまで，
とりあえず現金過不足 a/c で処理しておくことになります。

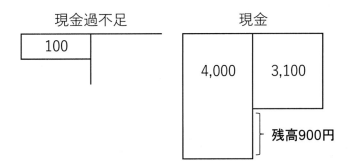

現金過不足 100 / 現　　金 100

設 例 5－6

　【設例 5－5】の不一致について，後日，通信費 a/c（費用）100 円の記帳漏れであることが判明した。

通　信　費 100 / 現金過不足 100

　上記の仕訳をすることで，先に"とりあえず"記録していた現金過不足 a/c の残高がゼロとなります。ちなみに，【設例 5－5】の仕訳と【設例 5－6】の仕訳を合わせれば，通信費 a/c の残高が 100 円増加し，現金 a/c の残高が 100 円減少し，結果として，通信費 100/ 現金 100 と仕訳したのと同じになります。これは，記帳漏れが起きなかった場合に，おこなわれるはずだった仕訳です。

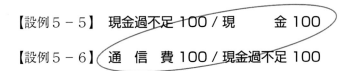

　【設例 5－5】　現金過不足 100 / 現　　金 100
　【設例 5－6】　通　信　費 100 / 現金過不足 100

練習問題 5－3

　次の取引を仕訳せよ。
（1）総勘定元帳の現金 a/c の残高は 1,000 円だったが，金庫には現金が 800 円あった。
（2）（1）の現金の差異 200 円について，給料の支払 200 円の記帳漏れが判明した。
（3）総勘定元帳の現金 a/c の残高は 2,000 円であったが，実際有高は 1,500 円であることが判明した。
（4）（3）について，500 円の保険料を支払ったが未記帳であることがわかった。
（5）金庫内の現金は 1,000 円だが，帳簿では 500 円と記載されていることが判明した。

(1)			
(2)			
(3)			
(4)			
(5)			

5.3 当座預金等

5.3.1 当座預金

　4.2でも触れていますが，当座預金とは，小切手などをあつかうために銀行で開設される無利息の預金です。また，小切手とは，現金の代わりに決済可能な証券をいいます。小切手に金額と氏名を記入して相手に渡すと（以下，小切手を振出すという），小切手を受取った者はそれを銀行に提示することで現金化できます。なお，銀行では，提示された小切手を受取後，小切手を振出した者の当座預金口座から預金残高を減少させることになります。詳細を次図にそって確認しましょう。

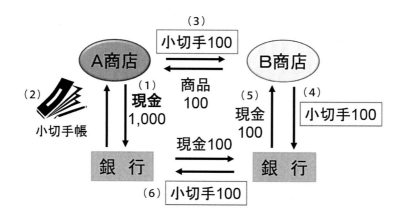

　まず，（1）口座を開設するために，現金1,000円を当座預金に預け，（2）銀行から小切手帳を受取ります。そして，（3）商品取引の代金の決済として小切手を振出し，（4）小切手を受取った者はそれを銀行に提示し，（5）銀行から現金を受取ります。その後，（6）銀行間で小切手の決済をおこないます。

　帳簿については，当座預金口座に現金を預けた側（図のA商店）では，預金時に当座預金a/c（資産）の増加として仕訳し，小切手を振出せば後日，結果的に同額が引き落とされて口座残高が減少することから，"振出時に"あらかじめ当座預金a/cを減少させる仕訳をおこなっておきます。他方，小切手を受取った側（図のB商店）では，銀行に提示すれば即座に現金化できることから，小切手の受取時に現金a/cを増加させます。自分が小切手を振出せば当座預金a/cの減少，他社から小切手を受取った場合には現金a/cの増加

として仕訳することになります。

（口座開設時の仕訳（1））	当座預金 1,000 / 現	金 1,000
（小切手振出時の仕訳（3））	仕　　　入 100 / 当座預金	100
（他社が振出した小切手の受取時の仕訳（3））	現　　　金 100 / 売	上 100

　当社が過去に振出した小切手を，後日，取引相手より受取った場合を考えてみましょう。いったん振出された小切手は，現金の代替物として市場に流通することになります。そのため，取引相手に振出した小切手が，まわりまわって，自身のてもとにもどってくることもあります。このよう小切手を自己振出小切手といいます。では，自己振出小切手を受け取った場合に，どのように仕訳するのでしょうか。

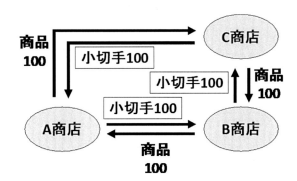

　これを理解するには，小切手振出時の仕訳の意味を改めて考える必要があります。小切手を振出したからといって，即座に銀行の当座預金口座が減少するわけではありません。小切手を受け取った相手が，それを銀行に提示してはじめて，当座預金口座は減少することになります。にも関わらず，帳簿上，小切手の振出時に当座預金a/cを減少させたのは，相手が銀行に小切手を提示することを想定していたからです。

　しかし，そうした想定とはことなり，相手が小切手を銀行に提示せず，振出した小切手が自身のてもとに戻ってきた場合，銀行にある当座預金口座は減少しないことになります。この場合，振出した側の仕訳では，当座預金a/cを増加させ，もとの残高に戻す必要があります。振出時には，小切手の提示を想定して当座預金a/cを減少させただけであり，想定がことなればもとに戻す，すなわち当座預金a/cを増加させるわけです。

（過去に自社が振出した小切手の受取時の仕訳）　当座預金 100 / 売　　　上 100

［練習問題5-4］

　次の取引を仕訳せよ（三分法）。

（1）当座預金口座に現金 1,000 円を入金した。

（2）商品の仕入れのために小切手 100 円を振出した。

（3）商品の売上時に，他社振出の小切手200円を受取った。

（4）商品の売上時に，過去に自社が振り出した小切手100円を受取った。

（1）				
（2）				
（3）				
（4）				

練習問題 5 － 5

次の取引を仕訳せよ（三分法）。

（1）当座預金口座を開設し，現金1,000円を預け入れた。

（2）商品200円を仕入れ，同額の小切手を振出した。

（3）商品200円を売上げ，得意先から小切手を受取った。

（4）商品100円を売上げ，同額の小切手を受取後，直ちに当座預金に預け入れた。

（5）商品100円を売上げ，代金は以前，当店が振り出した小切手で受取った。

（1）				
（2）				
（3）				
（4）				
（5）				

5.3.2　当座借越契約

　小切手は本来，銀行の当座預金の残高をこえて，振出せません。銀行が小切手の換金に応じる場合，原則として，振出人の当座預金残高の範囲内でのみ，現金の支払をおこなうからです。先に確認した5.3.1の図で，現金1,000円を当座預金に入金後，100円の小切手を振出していたのは，このためです。

　しかし，銀行と**当座借越契約**を結べば，一定額を上限として，当座預金残高を超えた小切手を決済することが可能となります。これを**当座借越**といいます。ここで，当座預金残高をこえた小切手を振出す場合，一時的に，その超過分を銀行に負担してもらうことになります。これは実質的に，銀行から資金の借入をしていることになります。

当座借越が発生した場合の仕訳法

　当座預金残高をこえて小切手を振出すことで，当座借越が発生したからと言って，これまでと異なる特別な会計処理が必要となる訳ではありません。期中は，これまでと同様に，当座預金a/cで仕訳することになります。ただし，当座借越が生じた場合，それは実質的

には借入となるため，当座預金 a/c の右側に残高が発生し，負債が生じることになります。

とはいえ，期中は，当座預金 a/c のみを用いて処理をすることに変わりはありません。その結果，当座預金 a/c が左側に残高をもてば資産，右側に残高をもてば負債となるだけです。ただし，仮に，期末時点で当座預金 a/c が右側に残高を持つならば，その残高を**当座借越** a/c に振り替える必要があります（こうした決算整理に関する詳細は後述します）。それでは，期中取引における当座預金 a/c を用いた処理について，具体的に設例でみていきましょう。

設 例 5−7

当座借越契約のもとで，次の一連の取引を仕訳せよ（三分法）。

（1）銀行と当座借越契約（上限 10,000 円）をした。

（2）当座預金残高が 1,000 円のときに商品 1,500 円を仕入れ，小切手を振出した。

（3）商品 2,000 円を売上げ，対価として小切手を受取り，直ちに当座預金とした。

（1）は，契約を交わしたのみであり，資産や収益などの 5 つの大区分に変化はないから仕訳をしません。それに対して，（2）は商品購入だから仕訳が必要となりますが，問題は，当座預金残高 1,000 円以上の商品を小切手振出により仕入れたことにあります。通常は，預金残高をこえて小切手を振出すことはできませんが，（1）で当座借越契約を結んでいることから，これが可能となります。残高をこえた 500 円分（1,500 円 − 1,000 円）は，実質的には銀行からの借入ですが，期中はあえて新しい勘定科目を用いずに，当座預金 a/c のみを用いて仕訳をします。

仕 　 　 入 1,500 / 当 座 預 金 1,500

ただしこの時，当座預金の残高が右側となり，残高の分だけ当座預金のマイナス，つまり，当座借越が生じることになります。その意味するところは，1,500 円分の仕入に対して，1,000 円分は当座預金 a/c（資産）の減少，そして，500 円分は当座借越 a/c（負債）の増加です。

このとき，（3）において，当座借越 500 円がある状態で，当座預金への入金 2,000 円がありました。小切手で受取ったものの，即座に当座預金へ入金したため，仕訳では，当座預金口座に入金される 2,000 円が，当座預金 a/c の増加として処理されます。なお，この取引により，当座借越が解消，つまり借金が返済されたことになります。

当 座 預 金 2,000 / 売 　 　 上 2,000

練習問題 5−6

当座借越契約のもとで，次の一連の取引を仕訳し，総勘定元帳に転記せよ。

（1）電気代の支払いのために小切手 1,000 円を振出した。当座預金残高は 900 円であ

ったが，10,000 円を限度とする当座借越契約が存在する。

（2）（1）のあと，商品 1,500 円を売上げ，代金は当座預金口座に振込まれた（三分法）。

（仕訳帳）

（1）				
（2）				

（総勘定元帳）

当座預金	水道光熱費	売上

練習問題 5 - 7

次の取引を仕訳せよ（商品の仕訳は三分法）。

（1）銀行と当座借越契約（上限 20,000 円）をした。

（2）当座預金残高が 5,000 円のときに商品 10,000 を仕入れ，小切手を振出した。

（3）（2）の直後，商品 10,000 円を売上げ，対価として小切手を受取り直ちに当座預金とした。

（1）				
（2）				
（3）				

練習問題 5 - 8

次の取引を仕訳せよ（三分法）。

（1）帳簿上の現金残高が 3,400 円であったが，金庫内の現金は 3,000 円であることが判明した。

（2）買掛金の支払のため，普通為替証書 3,000 円を支払った。

（3）当座預金残高が 5,000 円の時，商品仕入のため 6,000 円の小切手を振り出した。なお，当社は銀行と 2,000 円を限度とする当座借越契約を締結している。

（4）手許の現金 5,000 円のうち，4,000 円を当座預金に預けた。

(1)				
(2)				
(3)				
(4)				

5.3.3 普通預金と定期預金

5.3.1で示した当座預金口座以外にも，企業は，通常，普通預金や定期預金などの口座をもっています。これらの預金は，**普通預金** a/c（資産）や**定期預金** a/c（資産）で仕訳します。普通預金口座を複数もっている場合，普通預金の後ろに銀行名を付けて，他行の口座と区別して管理することもあります。また，定期預金は普通預金よりも通常金利が高いため，余剰資金などを定期預金口座に預け入れる場合がありますが，定期預金には預入期間（3ヵ月，1年，5年など）が定められており，その期間中に引き出すことはできません[1]。

設例 5-8

次の取引を仕訳せよ。
（1）普通預金口座を開設し，現金1,000円を預入れた。
（2）A銀行の普通預金口座から，B銀行の普通預金口座へ500円を振り替えた。
（3）定期預金口座を開設し，現金1,000円を預け入れた。
（4）定期預金が満期となり，元本1,000と利息10を普通預金口座に振り替えた。

(1)				
(2)				
(3)				
(4)				

練習問題 5-9

次の取引を仕訳せよ。
（1）D銀行の普通預金口座から，C銀行の普通預金口座へ2,000円を振り替えた。
（2）普通預金口座から300円の借入金の返済をした。
（3）定期預金口座を開設し，現金2,000円を預け入れた。
（4）定期預金が満期となり，元本2,000と利息20を普通預金口座に振り替えた。

1）定期預金を中途解約すると，解約手数料がかかったり，預入期間にわたって普通預金などの金利が適用されたりします。

(1)				
(2)				
(3)				
(4)				

5.4　小口現金
（こぐちげんきん）

　会社の経理係は，管理上の問題から，直接現金をあつかったり，少額の取引を多数おこなったりすることを避ける必要があります。このため，経理係は支払担当者（用度係）に一定額を前もって渡しておくことがあります。これを小口現金といい，**小口現金**a/c（資産）で仕訳します。なお，小口現金取引には，実務上，**定額資金前渡制度（インプレスト・システム）**を採用することが多いです。これは，少額の支払いに備えて，経理係が用度係に一定額を前もって渡しておき，一定期間（1週間または1カ月）後に用度係から支払報告を受け，用度係が使用した金額を経理係が補給するというものです。

　次の図をみてください。まず，（1）で会社の経理係が現金を用度係に渡し，現金a/cを減少させるとともに，小口現金a/c（資産）を増加させます。そして，（2）で用度係が小口現金をつかって少額の支払いをします。ただし，この時点では，会社の帳簿を管理する経理係は仕訳をしない点に注意しましょう。用度係の支出の詳細を経理係が知らない以上，この段階では仕訳ができないからです。そして一定期間の経過後，（3）で，用度係が支出の詳細を報告することで，はじめて経理係は支出の取引の内容を知るので，ここで仕訳をすることになります。最後に，（4）で，用度係が使用した分の金額を経理係が補給します。その後は週毎あるいは月毎に，常に小口現金が一定額になるように，このサイクルを繰り返します。

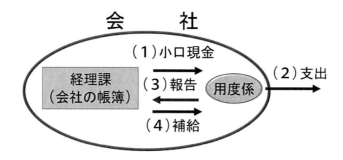

設 例　5-9

　次の取引を仕訳せよ。なお，当社はインプレスト・システムを採用している。

（1）経理係は用度係に小切手5,000円を振出した。

84

（2）用度係は，1週間で，消耗品の購入に2,000円を支出した（消耗品への支出は消耗品費 a/c（費用））。

（3）用度係は，週末に経理係へ（2）の支出内容を報告した。

（4）経理係は，報告を受けて，支出による減少分2,000円を用度係に小切手で手渡した。

　まず，帳簿の記帳をおこなう経理係が，用度係に小切手を振出すことで当座預金 a/c を減少させ，小口現金 a/c を増加させます。したがって（1）の仕訳は以下のようになります。

（1）小 口 現 金 5,000 / 当 座 預 金 5,000

　次に，用度係の仕訳ですが，支出時経理係は報告を受けておらず，支出の内容を知らないことから，仕訳できません。したがって（2）は「仕訳なし」となります。用度係の支出について仕訳するのは次の（3）の時点となります。用度係からの報告をうければ，経理係は小口現金 a/c を減少させるとともに，相手勘定を**消耗品費** a/c で仕訳します。消耗品費とは，消しゴムや鉛筆，コピー用紙などの消耗品を購入したさいに使用する費用の勘定科目です（消耗品費については，8.3で再び解説します）。

（3）消 耗 品 費 2,000 / 小 口 現 金 2,000

　最後に，用度係が小口現金を一週間で2,000円使用したことから，（4）で減少分を補給します。これにより，用度係が保有する価額は，一週間前と同じ，5,000円となります。これが，定額資金前渡制度といわれるゆえんです。

（4）小 口 現 金 2,000 / 当 座 預 金 2,000

練習問題 5－10

　次の一連の取引を仕訳せよ。

（1）定額資金前渡制により，小口現金1,000円を小切手で用度係に渡した。

（2）用度係から，通信費100円，消耗品費200円，交通費300円の支払報告があった。

（3）（2）により，用度係に600円分の小切手を振出し，補給した。

(1)				
(2)				
(3)				

練習問題 5－11

次の一連の取引を仕訳せよ。

（1）小口現金 3,000 円につき小切手を振出し，用度係に前渡しした。当店は，定額資金前渡制度を採用している。

（2）用度係が電話料金 1,000 円と，新幹線代 1,000 円を小口現金で支払った。

（3）（2）の支出について，経理係は用度係より報告を受けた。

（4）小切手 2,000 円を振出し，小口現金の補給をした。

(1)				
(2)				
(3)				
(4)				

第5章　章末問題

章末問題 5－1

次の取引を仕訳せよ。なお，（9）と（10）は三分法で仕訳をすること。

（1）備品を購入し，小切手 1,000 円を振出した。

（2）5,000 円の車両運搬具を売却し，送金小切手 5,000 円を受取った。

（3）5,000 円の土地を売却し，現金 6,000 円を受取った。

（4）備品 3,000 円を売却し，普通為替証書 2,000 円を受取った。

（5）現金 a/c の残高は 10,000 円だったが，金庫内には 8,000 円しかないことが判明した。

（6）（5）の差異について，借入金の返済として 2,000 円支出したが未記帳だと判明した。

（7）現金 1,000 円を普通預金とした。

（8）備品 500 円の購入のために，小切手を振出した。

（9）商品を 3,000 円で売上げ，得意先振出の小切手を受取った。

（10）商品を 500 円で売上げ，当店振出の小切手を受取った。

（11）当座預金残高が 2,000 円のとき，建物購入のために，3,000 円の小切手を振出した。上限を 10,000 円とする当座借越契約を結んでいる。

（12）本日，定期預金に現金 2,000 円を入金した。

（13）インプレスト・システムにより，用度係に現金 1,000 円を手渡した。

（14）用度係より，旅費交通費に 500 円，消耗品費に 500 円使用した旨の報告を受けた。

(1)			
(2)			
(3)			
(4)			
(5)			
(6)			
(7)			
(8)			
(9)			
(10)			
(11)			
(12)			
(13)			
(14)			

章末問題 5 － 2

　当社では 1 月中に以下の取引があった。これらの取引につき，仕訳帳に記入し，総勘定元帳（現金 a/c，当座預金 a/c，小口現金 a/c，現金化不足 a/c のみ）に転記しなさい。なお，当店は上限 10,000 円とする当座借越契約締結しており，商品売買は三分法によって記帳している。

1月2日　定期預金が満期となり，元本 2,000 円と利息 5 円を普通預金口座に振り替えた。

1月3日　商品を売上げ，普通為替証書 30,000 円を受け取った。

1月4日　当座預金口座を開設し，現金 10,000 円を預け入れた。

1月5日　当店は，本日より定額資金前渡制度を採用して小口現金を設け，用度係に 5,000 円の小切手を振出して渡した。

1月6日　商品 15,000 円を仕入れ，小切手を振出した。

1月9日　用度係はインターネット代 3,000 円と新幹線代 2,000 円を小口現金で支払った。

1月11日　商品 2,000 円を売上げ，得意先から小切手を受取った。

1月12日　現金の総勘定元帳残高は 22,000 円だったが，金庫には現金が 19,000 円ある。

1月14日　商品 10,000 円を売上げ，代金は以前，当店が振り出した小切手で受取った。

1月18日　現金の差異 3,000 円について，電気代の支払 3,000 円の記帳漏れが判明した。

1月25日　経理係は，用度係より 1 月 5 日から本日までの支出について報告を受けた。

1月26日　経理係は，5,000 円の小切手を振り出して小口現金の補充をした。

1月27日　商品 4,000 円を売上げ，対価として小切手を受取り，直ちに当座預金とした。

[仕訳帳]

	左側科目	金額	右側科目	金額
1月2日				
3日				
4日				
5日				
6日				
9日				
11日				
12日				
14日				
18日				
25日				
26日				
27日				

[総勘定元帳]

現金

1/1 前月繰越	×××		

当座預金

1/1 前月繰越	×××		

小口現金

現金過不足

第6章

期中取引のその他の論点

　大雑把な期中取引と決算整理の仕訳を3章で学習し，4章と5章で具体的な期中取引の仕訳を学習しました。期中取引の残りをみるのが本章ですが，ポイントは以下の通りです。

（1）固定資産や商品を購入した際の追加の支出の処理

（2）クレジットカード，商品券，手形といった，商品取引の決済手段

（3）消費税や法人税といった税金の期中処理

6.1　付随費用の仕訳

6.1.1　固定資産の付随費用

　固定資産の基本的な取得・売却の仕訳はすでに4章で学習しましたが，実際には，固定資産を使用するまでに，手数料や運送費・試運転費といった付随費用を支払うことがあります。これは，資産を取得し，使用するためのもので，購入時の価格（購入代価）とは別に支払うものです。その場合，固定資産は，購入代価に付随費用を加えた価額（取得原価）で仕訳されます。たとえば手数料の支払は，通常，支払手数料 a/c（費用）で仕訳しますが，固定資産の取得のための支出であれば，費用ではなく，取得原価の金額に加えようというわけです。

$$取得原価＝購入代価＋付随費用$$

設 例 6－1

　建物 1,000 円を取得し，代金は小切手を振出した。なお，取得にさいして仲介手数料 100 円を現金で支払った。

$$建　　物 1,100 ／ 当 座 預 金 1,000$$
$$現　　金　 100$$

　建物の金額は 1,000 円ですが，仲介手数料 100 円を支払っています。建物を取得するために支払ったものですので，資産の金額に含めて建物を 1,100 円と記録するわけです。

次の取引を仕訳せよ。

（1）営業車 2,000 円を現金購入し，購入のための手数料 100 円を現金で支払った。

（2）1 台 100,000 円の備品を 2 台購入し，代金のうち 100,000 円については現金で支払い，残りは後日支払うこととした。なお，その際，運賃 10,000 円を現金で支払っている。

（1）				
（2）				

6.1.2　商品の諸掛

　固定資産と同様，商品取引でも，運送費等の諸経費が生じることがあり，それを特に**諸掛**といいます。諸掛の仕訳は，誰が支払うのか，誰が負担するのかによって異なります[1]。たとえば，仕入側が諸掛を支払い，同時に負担する場合は支出額を仕入 a/c で仕訳します。仕入れるための支出なら，商品それ自体の金額に入れて記録するわけです。ただし，仕入側が払ったものの，負担せず，売上側が負担するなら，話は変わります。後日，諸掛分を売上側に請求することになりますよね。立替えただけで，後で請求するので，これを立替金 a/c で仕訳するわけです[2]。また，一方で，売上側が諸掛を支出し，これを売上側が負担するなら，売上側は**発送費** a/c（費用）を記録します。ただし，売上側が支出したものの，仕入側が負担するなら，売上側が立替金 a/c を仕訳します[3]。要するに，支出を負担するなら費用で，そうでなければ資産（もしくは負債の減少）として仕訳すればよいのです。

	仕入側支出	売上側支出
当店負担	仕入 a/c	発送費 a/c など
先方負担	立替金 a/c	

設 例　6－2

　商品 100 円を掛で仕入れ，引取運賃 50 円を現金で支払った。この支出について，仕入

1）現金を支払ったとしてもそれがただちに"負担"を意味するわけではないことに注意してください。"負担"とは，ここでは最終的に費用を記録することを意味します。

2）この場合，掛取引であれば買掛金 a/c の減少として仕訳することもあります。相手が負担すべき支出をし，あとで請求しますので，買掛金と相殺するわけです。たとえば，100 円借りていた状態で 20 円を同じ相手に貸せば，結局，80 円将来返済すればすみますね。

3）立替金も商品取引における売掛金もどちらも同一の相手への債権ですから，掛取引ならまとめて売掛金 a/c と仕訳することもあります。

側が負担する場合と，売上側が負担する場合の仕訳をせよ。なお，売上側負担の場合には立替金a/cを使用すること（三分法）。

（仕入側負担）仕　　　入 150 / 買　掛　金 100
　　　　　　　　　　　　　　　 現　　　金 50

（売上側負担）仕　　　入 100 / 買　掛　金 100
　　　　　　　　立　替　金 50 / 現　　　金 50

　設例では，仕入側が引取運賃を支出しています。それを仕入側が負担するなら，仕入a/cの増加として仕訳します。一方，その支出を売上側が負担するのであれば，後日，売上側に請求しますので立替金a/cとします。次に，売上側が支払う場合をみていきましょう。

設　例 6-3

　商品100円を掛売上げし，運賃10円を現金で支払った。この支出について，売上側が負担する場合と，仕入側が負担する場合の仕訳をせよ。なお，仕入側負担の場合には立替金a/cを使用すること（三分法）。

（売上側負担）売　掛　金 100 / 売　　　上 100
　　　　　　　　発　送　費 10 / 現　　　金 10

（仕入側負担）売　掛　金 100 / 売　　　上 100
　　　　　　　　立　替　金 10 / 現　　　金 10

　設例では，売上側が運賃を支出しています。それを売上側が負担するなら発送費a/cで仕訳し，仕入側が負担するなら，立替金a/cで仕訳します。支出を負担するなら費用，そうでなければ資産（もしくは負債の減少）でしたね。

練習問題6-2

次の取引を仕訳せよ（三分法）。
（1）商品1,000円を仕入れ，代金は掛としたが，そのさい引取運賃100円を現金で立替えた。
（2）商品500円を掛けで購入し，当社が負担する商品の保険料10円を現金で支払った。
（3）商品100円を掛で売上げ，発送費10円を現金で立替えた。
（4）商品200円を掛売りし，当社が負担する発送費20円を現金で支払った。

(1)			
(2)			
(3)			
(4)			

6.2　商品取引の決済

6.2.1　クレジットカード

　みなさんのなかにはクレジットカードで商品を購入する人もいると思いますが，商品を販売する会社の立場から，この取引をみていきましょう。クレジットカードによる販売では，代金は後日，クレジットカード会社から受取ります。ですので，商品の販売時，売上と同時に，将来受け取る代金について**クレジット売掛金**a/c（資産）を記録します。なぜこのような勘定科目を使うのでしょう？　通常の掛売上は，売上げた顧客からお金を回収しますが，今回は，それとは異なり，クレジットカード会社に対する債権だからです。なお，クレジットカード会社は，手数料を収入源としますので，売上げた会社は，商品の販売価格の全額を受け取れないことに注意してください。代金回収をカード会社に依頼するので，会社は手数料を支払うことになり，仕訳では，支払手数料a/c（費用）を記録します。以下の設例で確認しましょう。

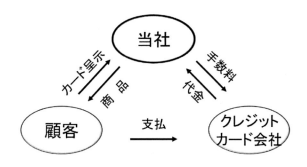

設　例　6-4

　次の一連の取引を仕訳せよ。

（1）商品100円をクレジット払いで売上げ，クレジットカード会社への手数料10円とともに計上した。

（2）カード会社からクレジット販売代金100円から手数料10円を差し引いた手取額

90円が当社の当座預金に振り込まれた。

（1）クレジット売掛金　90 ／ 売　　　　　上 100
　　　支 払 手 数 料　10
（2）当　座　預　金　90 ／ クレジット売掛金　90

練習問題6－3

次の取引を仕訳せよ。

（1）商品130円を売上げ，代金はクレジット払いとし，カード会社への手数料15円とともに売上を計上した。

（2）上記（1）のクレジット代金について，手取額115円が当座預金に振込まれた。

(1)				
(2)				

6.2.2　商品券

　会社は，商品売上の代金の決済として，他の会社が発行した百貨店共通商品券などの商品券を受け取ることがあります。このとき，売上を記録するとともに，**受取商品券**a/c（資産）という資産を記録します。受け取った商品券は，使用することもできますし，発行した企業に代金を請求することもできます。いずれであっても受取商品券a/cを減少させるのですが，代金を請求した場合には，手数料を要求されることもあります。

設 例 6－5

次の一連の取引を仕訳せよ。

（1）商品100円を売上げ，100円相当の全国共通商品券を受取った。

（2）50円分の通信用の封筒を購入し，代金は（1）で受取った商品券で支払った。

（3）（1）で受取った商品券のうち，残高50円分について，商品券の発行会社に精算を請求し，現金で受取った。その際，5円の手数料を請求された。

（1）受取商品券 100 ／ 売　　　上 100
（2）通 信 費 50 ／ 受取商品券　50
（3）現　　　金 45 ／ 受取商品券　50
　　　支払手数料　　5

練習問題6－4

次の取引を仕訳せよ。

（1）商品100円を売上げ，商品券40円を受取り，残額は掛とした。

（2）上記（1）の商品券を，買掛金40円の返済として手渡した。

(1)				
(2)				

6.2.3　電子記録債権・電子記録債務

　会社は，債権や債務をインターネット上で管理することも可能です。電子記録債権法といった難しい法律があるため，電子記録債権や電子記録債務といった小難しい用語が使用されますが，本質は，通常の債権や債務と同じです。具体的には，指定の機関に債権や債務の記録を請求してそこで管理され，決済されれば記録が消滅されるだけです。すでにある売掛金や買掛金が**電子記録債権** a/c（資産）や**電子記録債務** a/c（負債）に振替られることもありますが，商品取引と同時に生じることもあります。設例で確認しましょう。

設 例　6－6

　A社とB社の一連の取引を仕訳せよ。

（1）A社はB社に商品100円を売上げ，代金は後日受取ることとした。

（2）A社は，（1）の売掛金について電子記録債権の発生記録を請求し，B社にも通知した。

（3）上記（2）の電子記録債権の支払期日が到来し，当座預金で決済され，通知された。

	A 社	B 社
（1）	［売　掛　金 100 / 売　　　上 100］	［仕　　　入 100 / 買　掛　金 100］
（2）	［電子記録債権 100 / 売　掛　金 100］	［買　掛　金 100 / 電子記録債務 100］
（3）	［当 座 預 金 100 / 電子記録債権 100］	［電子記録債務 100 / 当 座 預 金 100］

練習問題6－5

次の取引を仕訳せよ。

（1）得意先に対する売掛金350円について，電子記録債権の発生記録を請求した。

（2）上記（1）の電子記録債権の支払期日が到来し，当座預金で決済された。

(1)				
(2)				

次の期中取引を仕訳せよ（三分法）。

（1）商品100円を売上げ，代金としてお米券100円分を受取った。

（2）商品100円を売上げ，即座に発生記録を請求し，電子記録を行った。

（3）買掛金100円の決済として，電子記録債務の発生記録を請求した。

（4）事務で使用する鉛筆100円分を購入し，代金は先に受取っていた商品券で支払った。

（5）受取った商品券150円について，商品券の発行会社に精算を請求し，現金で受取った。

（6）電子記録債務100円の支払期日が到来し，当座預金で決済された。

(1)				
(2)				
(3)				
(4)				
(5)				
(6)				

6.2.4　値引き・返品

　商品の取引では，代金が決済されればよいですが，そうでない場合もありますね。商品の品質不良等によって，購入後，商品代金の一部を免除することを値引きといいます。簿記では，値引きは，購入前に値段を下げることではありません。返品は，イメージ通り，品違い等による商品の返却のことです。いずれにしても，これらの仕訳は単純で，三分法では，仕入取引や売上取引の左右逆の仕訳をすればいいんです。

（仕入側）買　掛　金 xxx／仕　　　入 xxx
（売上側）売　　　上 xxx／売　掛　金 xxx

設例 6−7

　掛売上した商品につき，得意先から破損の連絡があり，200円値引きした。

売　　　上 200／売　掛　金 200

練習問題6−7

　次の商品の取引を三分法で仕訳せよ。

（1）掛売りしていた商品500円が品違いのためすべて返品された。

（2）掛けで販売していた商品1,000円にキズがあり，100円の値引きをした。

（3）B社から掛仕入した商品5,000円について品違いがあり，すべて返品した。

（4）掛仕入していた商品について汚れがあり，100円の値引きをうけた。

(1)				
(2)				
(3)				
(4)				

6.3 手 形

　これまで，商品売買では，現金，小切手，掛，クレジットカード，商品券，電子記録債権・債務による決済などがありました。会社のメインの取引ですのでいろいろあるのですが，実は，手形という決済手段もあります。

6.3.1 商品取引と手形

　約束手形とは，手形を作成した振出人（ふりだしにん）が，それを受取る名宛人（なあてにん）に対して，将来の一定期日までに，記載された金額の支払を約束するもので，通常，銀行の当座預金口座で決済されます。以下の図では，（1）の振出人（A社）が，（2）の名宛人（B社）に手紙を出すイメージです。手紙の内容は，「（3）一定期日までに，（4）特定の当座預金口座（C銀行）で，（5）上記金額をあなたへこの約束手形と引替えにお支いいたします」というものです。これにより，振出人が債務を，名宛人が債権をもち，仕訳上，振出人の手形による債務を**支払手形** a/c（負債），名宛人の手形による債権を**受取手形** a/c（資産）で仕訳します。「約束手形」という勘定科目は存在しないことに注意してください。

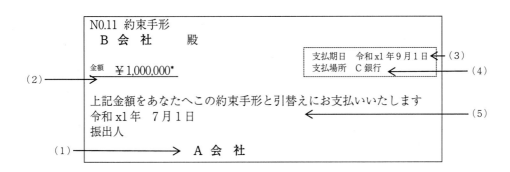

設 例 6−8

　7月1日に，A社はB社から商品100円を仕入れ，約束手形を振出した。その後，9月1日に手形の満期を迎え，当座預金で決済された（三分法）。

　A社は，7月1日に商品を仕入れたので，仕入a/cを左側に，約束手形を振出したので

支払手形 a/c（負債）を右側に仕訳します。商品を売上げた B 社は，手形を受取り，債権 100 円を取得しましたので，売上 a/c とともに，受取手形 a/c（資産）を増加させます。9 月 1 日には，手形が決済され，受取手形 a/c と支払手形 a/c を減少させる仕訳が両社でおこなわれます。なお，手形の決済は，通常，銀行間を介して行われますので，両社の仕訳で当座預金 a/c が使用されることに注意してください。

[仕　　入 100 ／ 支払手形 100]　　　[受取手形 100 ／ 売　　上 100]

[支払手形 100 ／ 当座預金 100]　　　[当座預金 100 ／ 受取手形 100]

練習問題 6－8

次の取引を仕訳せよ（三分法）。

（1）商品 100 円を仕入れ，約束手形を振出した。

（2）（1）の手形の満期につき，手形が銀行で決済された。

（3）商品 300 円を売上げ，約束手形を受取った。

（4）（3）の手形の満期につき，手形が銀行で決済された。

(1)				
(2)				
(3)				
(4)				

練習問題 6－9

次の取引を仕訳せよ（三分法）。

（1）買掛金 100 円の決済のために同額の約束手形を振出した[4]。

（2）（1）の手形の満期を迎え，手形が決済された。

（3）売掛金の回収として約束手形 100 円を受取った。

（4）商品 200 円を仕入れ，代金のうち 100 円は約束手形を，50 円は小切手を振出し，残額は掛とした。

4）過去の取引により，すでに買掛金が生じていることに注意してください。

(1)				
(2)				
(3)				
(4)				

6.3.2　営業外受取手形等と金融手形

　商品取引で手形を利用するときは，受取手形 a/c や支払手形 a/c で仕訳しましたが，商品以外の，固定資産等の売買取引で手形を利用するときは，**営業外受取手形** a/c（資産）や**営業外支払手形** a/c（負債）で仕訳します。会社のメインの取引の商品取引とそれ以外を区別しようということです。さらには，現金等の貸し借りでも，借用証書の代わりに，手形を利用することがあります。この場合を特に金融手形といい，**手形貸付金** a/c（資産）や**手形借入金** a/c（負債）という勘定科目で仕訳し，通常の借用証書による貸し借りと区別します。

設例 6-9

　A 社は，B 社に現金 100 円を貸付け，同社振出しの約束手形を受取った。

　　　　　（A社）**手形貸付金 100 / 現　　　金 100**
　　　　　（B社）**現　　　金 100 / 手形借入金 100**

練習問題 6-10

　次の取引を仕訳せよ。

（1）A 社からの借入のため，約束手形 100 円を振出し，当座預金とした。

（2）B 社へ現金 200 円を貸付け，約束手形を受取った。

(1)				
(2)				

練習問題 6-11

　次の取引を仕訳せよ（三分法）。

（1）商品 100 円を仕入れ，約束手形を振出した。

（2）（1）の手形が当座預金で決済された。

（3）建物 100 円を，120 円で売却し，同額の約束手形を受取った。

（4）土地 100 円の購入に際し，同額の約束手形を振り出した。

（5）現金 100 円を借入れ，約束手形を振り出した。

（6）A 社への現金 200 円の貸付けにともない，約束手形を受取った。

(1)				
(2)				
(3)				
(4)				
(5)				
(6)				

6.4 税金等の処理

6.4.1 従業員の所得税等

　従業員は，給料に対して所得税を払う義務がありますが，勤務する会社が，その税金分を授業員の給料から天引きして預かり，代わりに納付する，源泉徴収制度という仕組みがあります。このとき，会社は，本来，従業員に支払うはずの給料の一部を預かっていますね。4章で預り金a/c（負債）を学習しましたが，ここでも，会社は従業員のお金を預かっていますので，預り金a/c が生じます。ただし，特に，**所得税預り金**a/c（負債）を使用することもあります。

　なお，こうした源泉徴収の仕組みは，所得税だけでなく，社会保険料にも適用されます。詳細は学習の範囲を超えますが，基本的には，従業員の健康保険や介護保険などを，会社と従業員の双方で負担します。そこで，従業員の負担分を会社が源泉徴収し，後日，会社が支払うわけです。やはり，ここでも預り金a/c が使用されますが，他と区別するため，**社会保険料預り金**a/c（負債）を使用することもあります。なお，従業員分は給料から天引きしますが，会社負担分は**法定福利費**a/c（費用）として仕訳することも覚えておいてください。

設 例 6−10

　次の一連の取引を仕訳せよ（所得税預り金a/c を使用すること）。

（1）従業員の給料 200 円から，源泉所得税 60 円を差し引き，残高を現金で支払った。

（2）従業員の所得税 60 円を現金で税務署に納付した。

（1）給　　　　料 200 ／ 現　　　　金 140

　　　　　　　　　　　　　　 所得税預り金　60

（2）所得税預り金　60 ／ 現　　　　金　60

本来の給料は 200 円ですが，従業員に支払うのは 140 円です。60 円分は，従業員に代わって税金を納付するために会社が一時的に預かり，後日，納付したわけです。

設 例 6-11

次の一連の取引を仕訳せよ（社会保険料預り金 a/c を使用すること）。

（1）従業員の給料 200 円から，社会保険料の本人負担分 40 円を差し引き，残高を現金で支払った。

（2）（1）の社会保険料について，会社負担分 40 円と併せて日本年金機構に現金で支払った。

（1）給　　　　料 200 / 現　　　　金 160
　　　　　　　　　　　　社会保険料預り金　40

（2）社会保険料預り金　40 / 現　　　　金　80
　　　法 定 福 利 費　40

（1）は，源泉所得税と同じ理屈です。（2）は，会社が預かっていた従業員分の 40 円とともに，会社負担分 40 円を加えた 80 円を現金で支払った仕訳になります。

練習問題 6-12

次の一連の取引を仕訳せよ。

（1）給料 100 円から，源泉所得税 25 円，社会保険料の本人負担分 10 円を差し引き，残高を現金で支払った。

（2）（1）の所得税 25 円を税務署に納付した。

（3）（1）の社会保険料 10 円を会社負担の 10 円と合わせて，現金で支払った。

（1）				
（2）				
（3）				

6.4.2　消費税の処理

みなさんは，コンビニなどで買い物をするとき，消費税を払いますよね。ですので，会社の側でも消費税の仕訳が発生します。商品と消費税の取引を分けて仕訳する方法を**税抜方式**といいますが，商品取引の期中仕訳はすでにみていますので，ここでは，消費税の部分を学習しましょう。

基本的な知識として，消費税を負担するのは私たち消費者であって，会社でないことを確認しましょう。商品を仕入れたときに，会社は，商品の仕入値と消費税を支払いますが，だからといって消費税を負担するわけではありません。私たち消費者から後で消費税を受け取るからです。実際，商品を売上げたときに，会社は消費者から商品の売値と消費税を受取りますが，その消費税の金額は，仕入時よりは多くなりますよね。通常は，仕入値よりも売値が大きいですから。ここで，仕入時と売上時に受け取る消費税の額が異なることに気づいた人もいるでしょう。この点については，後の章で学習します。

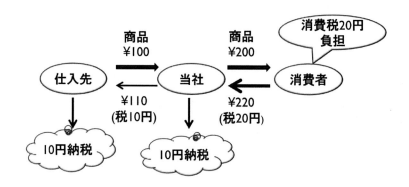

　仕訳では，仕入時に支払う消費税は**仮払消費税** a/c（資産）とし，売上時に顧客から受け取る消費税は**仮受消費税** a/c（負債）とします。"仮" がつくのは，最終的な納税額は期末の決算整理で確定させるため，それまでの期中では，とりあえず "仮" として処理しておくためです。消費税は，さしあたり，払ったら "仮払"，もらったら "仮受" としておけばよいのです。難しいことは後の章で学習する決算整理に任せてしまいましょう。

設 例 6－12

次の一連の取引を仕訳せよ（三分法，税抜方式）。
（1）商品110円（うち消費税10円）を現金で仕入れた。
（2）（1）の商品を220円（うち消費税20円）で売り上げ，現金を受け取った。

　　　　　　（1）仕　　　入100／現　　　金110
　　　　　　　　仮払消費税　10
　　　　　　（2）現　　　金220／売　　　上200
　　　　　　　　　　　　　　　仮受消費税　20

練習問題 6－13

次の取引を仕訳せよ（三分法，税抜方式）。
（1）仕入先から，商品として花瓶（@100円）10個を仕入れた。なお，消費税は10%である。

（2）（1）の商品すべてを売価@ 300 円で販売した。なお，消費税は 10％である。

（1）				
（2）				

6.4.3　法人税等

会社は，一年間の儲けである利益に対して，法人税，住民税と事業税を納めます。詳細は，決算整理のところで学習しますが，当期の法人税等の見込額の半分を申告し，とりあえず"仮に"払っておくことがあります。これについては，**仮払法人税等** a/c（資産）として記録しておきます。実際には，期末に税額が確定して，この仮払法人税等 a/c との金額の差額を未払として仕訳するのですが，詳細な学習は，後の章までおまちください。

設　例　6－13

次の取引を仕訳せよ。
（1）50 円の法人税等の中間申告をして，現金で納付した。

（1）仮払法人税等 50 / 現　　　　金 50

第 6 章　章末問題

章末問題 6－1

次の期中取引をもとに決算整理前合計試算表を作成せよ（三分法，指示がない限り，消費税はないものとして処理すること）。

（1）現金 10,000 円を当座預金とした。
（2）建物を 1,000 円で購入し，小切手を振出した。
（3）商品 1,000 円を仕入れ，代金は後日支払うこととした。
（4）商品を 2,000 円で売上げ，約束手形を受取った。
（5）商品 2,000 円を売上げ，（普通）為替証書 2,000 円を受取った。なお，商品の運賃を当社負担により現金 100 円を支払った。

(1)				
(2)				
(3)				
(4)				
(5)	- - - - - - - - - -	- - - - -	- - - - - - - - - -	- - - - -

決算整理前合計試算表

借　　方			勘定科目	貸　　方		
合計	期中取引	前期繰越		前期繰越	期中取引	合計
		11,000	現　　金			
		5,000	当 座 預 金			
		3,000	受 取 手 形			
		1,000	売 掛 金			
		20,000	建　　物			
			買 掛 金	2,000		
			未 払 金	1,000		
			資 本 金	37,000		
			売　　上			
			仕　　入			
			発 送 費			
		40,000		40,000		

章末問題6－2

次の期中取引を仕訳せよ（応用問題：三分法，消費税の処理は指示がある時のみ処理すること）。

（1）岩手会社より商品1,000円を仕入れ，代金は他店振出の小切手300円と当社振出小切手700円を渡した。

（2）当社は，40円の法人税等の中間申告をして，現金で納付した。

（3）青森会社に対し，商品200円を売却し，同店振出の小切手100円と以前当社が振出した小切手100円を受取った。

（4）信販会社からクレジット販売代金の手取額450円が当社の当座預金に振込まれた。

（5）事務所で使用する目的でパソコン1台を現金100円で購入した。

（6）現金の実際有高が帳簿残高より3,500円不足していたので，現金過不足勘定で処理していたが，調査の結果，広告宣伝費4,000円，通信費500円，および受取利

息 1,000 円の記帳漏れであった。

（7） 青森会社から商品 118 円（うち消費税 8 円）を現金で仕入れた（税抜方式）。

（8） 本日，用度係より，消耗品費 100 円，通信費 200 円の支出があった旨の報告を受けた。なお，当社は，定額資金前渡制度を採用している。

（9） 以前，内金 20 円を支払っている商品 300 円を仕入れ，代金は掛とした。なお，仕入時に当社負担の運賃 10 円を現金で支払った。

（10） 従業員 R の給料総額 200 円から，源泉所得税 30 円，社会保険料の本人負担分 20円を差し引き，残高は小切手を振り出して支払った。

（11） 以前，内金 20 円を受取っている商品 300 円を販売し，代金は掛とした。なお，売上時，先方負担の運賃 10 円を現金で支払っている（立替金 a/c を使用）。

（12） 仕入先北海道会社より商品を購入し，代金 300 円のうち，100 円は現金で，残額は北海道会社宛ての約束手形で支払った。

（13） 商品 150 円（うち消費税 20 円）を三重会社に売上げ，代金は現金で受取った（税抜方式）。

（14） 秋田会社に対して商品を売上げ，代金 500 円のうち，200 円は先方振出しの約束手形で，100 円は掛，残りは現金で受け取った。

（15） 関東商事からの借入のため，1,000 円の約束手形を振り出し，利息 100 円を差引後，残額を当座預金とした。

（16） 従業員の社会保険料 15 円を会社負担の 15 円と合わせて，小切手で支払った。なお，従業員分はすでに預かっている。

（17） 営業車 1,000 円を購入し，現金 300 円を支払い，残りは後日支払うこととした。

（18） 商品 300 円を顧客に売上げ，代金は全国共通商品券 300 円分で受け取った。

（19） 出張中の従業員より当座預金に 1,000 円の振込があったが，内容は不明である。

（20） 顧客から受取っていた 300 円分の商品券のうち，200 円分は通信用の葉書代金の支払に使用し，残り 100 円分は商品券の発行会社に精算を請求し，現金で受取った。

（21） 給料 1,000 円を源泉所得税（預り金 a/c を使用）200 円控除後，現金で支払った。

（22） 事務所として使用する目的で，オフィスの賃貸契約をした。契約にあたり，大家に敷金 300 円と不動産業者に仲介手数料として 200 を，現金で支払った。

（23） 山形会社への電子記録債権 100 円の支払期日が到来し，当座預金で決済された。

（24） 商品 500 円をクレジット払いで売り上げ，信販会社への手数料 50 円とともに計上した。

（25） 当期首に，土地 1,000 円と建物 500 円，車両運搬具 300 円を購入した。土地については月末払いとし，建物については手数料 50 円とともに現金で支払い，車両運搬具については運賃 40 円とともに小切手で支払った。

（26） 従業員の所得税 30 円を現金で納付した。

（27） 売掛金 100 円について，電子記録債権の発生記録を請求した。

(1)				
(2)				
(3)				
(4)				
(5)				
(6)				
(7)				
(8)				
(9)				
(10)				
(11)				
(12)				
(13)				
(14)				
(15)				

(16)				
(17)				
(18)				
(19)				
(20)				
(21)				
(22)				
(23)				
(24)				
(25)				
(26)				
(27)				

章末問題6－3

次の一連の問いに答えよ（損益 a/c 残高の振替には，3章同様，資本金 a/c を用いること）。

期首に UniV 社が設立された。設立時，所有者からの出資により現金3,000円と，銀行借入れにより現金2,000が増加した。その他の期中における取引は以下の通りである。

　　　1）土地2,000円を購入し，現金で支払った。
　　　2）商品2,000円を仕入れ，現金を支払った。
　　　3）上記で仕入れた商品すべてを4,000円で売上げ，代金は現金で受取った。
　　　　　なお，決算整理時に現金50円が紛失していることが判明し，これを雑損とした。
　（1）設立時を含む期中取引を仕訳し（三分法），総勘定元帳に転記せよ。
　（2）決戦整理前残高試算表を作成せよ。

（3）決算整理仕訳をし，総勘定元帳に転記せよ。

（4）決算整理後残高試算表を作成せよ。

（5）貸借対照表と損益計算書を作成せよ。

（6）決算振替仕訳をし，総勘定元帳に転記せよ。

（7）繰越残高試算表を作成せよ。

（仕訳帳）

（総勘定元帳）

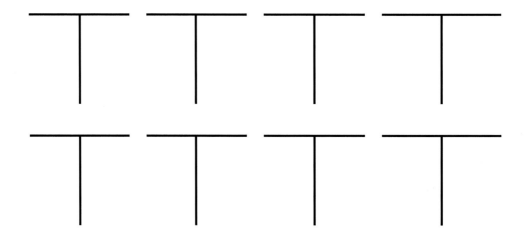

(決算整理前試算表と決算整理後試算表)

決算整理前残高試算表

左側残高	勘定科目	右側残高
	現　　金	
	土　　地	
	借　入　金	
	資　本　金	
	売　　上	
	仕　　入	

決算整理後残高試算表

左側残高	勘定科目	右側残高
	現　　金	
	土　　地	
	借　入　金	
	資　本　金	
	売　　上	
	仕　　入	
	雑　　損	

(財務諸表：貸借対照表と損益計算書)

損益計算書

当期純利益

貸借対照表

資本金
(うち当期純利益)

(　　　)

（繰越試算表）

繰越試算表

左側残高	勘定科目	右側残高

第7章

決算整理（減価償却と貸倒引当金）

　期中は，実際に取引があったときのみ，仕訳帳に仕訳し，総勘定元帳に転記しました。本章は，減価償却と貸倒引当金という，決算整理に関する処理を学習します[1]。ところで，決算整理といわれて，期首から期末のどこの話をするか，わかりますか？　決算整理は，1年間が終了し，貸借対照表や損益計算書を正しく作成するため，仕訳帳や総勘定元帳の数値を修正する作業です。1年間，汗水流して働いて，1年間が終了する期末にいるのです。実際の取引がなくても仕訳することになりますので，抽象的で難しい内容です。会社の成績表をつくる準備としてとても大切なので，しっかり理解してくださいね。本章のポイントは以下の通りです。

（1）期中取引の仕訳と決算整理仕訳の違いの理解
（2）資産とされた固定資産への過去の支出を徐々に費用とする減価償却の処理
（3）将来の損失を予想して，費用を記録する貸倒引当金の処理

7.1　固定資産の減価償却

7.1.1　固定資産の取得（期中取引の復習）

　固定資産を期中に購入する際の仕訳はすでに **4** 章で学習しています。建物 a/c，車両運搬具 a/c といった勘定科目を使用する点や，**6** 章で学んだ固定資産を取得・使用するための付随費用の処理を確認しておきましょう。

練習問題 7 − 1

次の取引を仕訳せよ。

（1）倉庫 $200m^2$ を $1m^2$ 当たり 10 円で取得し，登記料 100 円，仲介手数料 400 円を現金で支払った。購入代価のうち，500 円は現金で支払い，500 円は小切手を振出した。残額は月末払いである。

（2）パソコン 1 台を 100 円で，トラック 2 台を 200 円で購入し，小切手を振出した。

1）簿記の全体の流れを 3 章で確認した際，かるく触れていますが，覚えていますか？　不安な人は，さらっと3 章の流れを確認しておくとよいでしょう。

（1）				
（2）				

7.1.2　減価償却

　固定資産（土地などを除く）を使っていけば，古くなり，価値がさがっていきますが，これをどのように記録しましょうか？　固定資産の帳簿の価額を下げるとしても，徐々に変化するものなので，期中に修正するタイミングはなさそうです。そこで，簿記では，期末の決算整理で，当期に使用して減少した分だけ資産の簿価を減少させ，費用を記録します。このように，固定資産の価額を各年度に費用化する手続きを**減価償却**といい，期中の減価分を，**減価償却費** a/c（費用）で仕訳します。

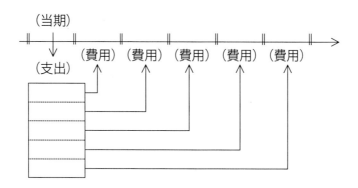

7.1.3　減価の金額の決定（定額法）

　減価を実際に測ることは難しそうですよね。一定の減価を，あらかじめ"想定"し，資産を費用化（これを償却といいます）するしかなさそうです。そこで，減価償却の具体的な手続として**定額法**があります。定額法とは，固定資産が毎年同じ額だけ減価すると仮定し，毎期均等額の減価償却費 a/c を，使用可能な年数（**耐用年数**）にわたって記録していく方法です。具体的には，以下の式にもとづいて計算されます。式の**残存価額**は，使い切った後の見積処分価額のことで，耐用年数とともに試験等では指示がありますので心配しないでください。

$$（当期の）減価償却費＝\frac{取得原価－残存価額}{耐用年数}$$

　建物（取得原価1,000円，耐用年数9年，残存価額は取得原価の10%）を期首に取得し，使用している。当期の減価償却費を計算せよ。

　設例では，期首に建物1,000円を取得し，残存価額は100円（＝1,000円×10%）なので，耐用年数の9年間で900円（＝1,000円－100円）減価します。毎期一定分，減価すると想定する定額法では，1年間で900／9＝100円減価します。現実にどのように減価するかは定かではありませんが，一定の想定から，費用の金額を決定するのが減価償却です[2]。

$$（当期の）減価償却費 = \frac{1,000 - 100}{9} = 100円$$

7.1.4　仕訳の方法

　資産を徐々に減少させ，その期間の減少分を費用とするのが本質ですが，実は，減価償却の仕訳の方法には，間接法と直接法というふたつの方法があります。同じ事象に対して，異なった仕訳の方法があり，しかも，直感的に理解できる方法よりも，一見複雑な方法がよく使われると聞くと不思議に思う人もいるでしょう。実際そうなんですが，それはなぜか，みていきましょう。

7.1.4.1　直接法

　まずは，直感的に理解しやすい直接法といわれる仕訳の方法をみていきます。**直接法**とは，固定資産の帳簿価額を直接減額し，減額分を，減価償却費 a/c（費用）として仕訳する方法です。設例で確認しましょう。

　設　例　7-2

　備品（取得原価1,000円，耐用年数9年，残存価額は取得原価の10%）を期首に取得した。直接法により，決算整理仕訳をせよ。

2）固定資産を期中に取得した場合には，使用した期間分の減価償却費を費用とします。年数によって耐用年数が提示されますので，使用期間が1年を満たない場合は，月割りで計算します。

$$（当期の）減価償却費 = \frac{取得原価 - 残存価額}{耐用年数} \times \frac{使用月数}{12}$$

減価償却費 100 / **備　　品** 100

	備　　品			減価償却費	
（期首）　1,000	（決算）	100	（決算）	100	

　減価償却費の額は学習済みですのでよいでしょう。1,000 円から 100（= 1,000 × 0.1）円を引いて，結果的に費用となる 900 円を計算し，それが耐用年数 9 年間で生じるので，1 年分は 100 円ですね。備品の価額を下げるので，備品の金額を 1,000 円から 100 円だけ "直接" 引いて 900 円とし，当期の減価償却費 100 円を費用として仕訳したわけです。

練習問題7－2

次の決算整理を直接法で仕訳せよ（決算日 3 月 31 日）。

（1）建物（取得原価 500 円，残存価額 50 円，耐用年数 9 年）を購入し，期首より使用している。

（2）建物（取得価額 1,000 円，残存価額 100 円，耐用年数 3 年）を購入し，期首より使用している。

（3）備品（取得原価 5,000 円，耐用年数 9 年，残存価額は取得原価の 10%）を 3 年前の期首に購入し，使用している。

（4）取得価額 1,000 円，残存価額 100 円，耐用年数 3 年の建物を購入し，当期の 6 月 1 日より使用している。

（1）				
（2）				
（3）				
（4）				

7.1.4.2　間接法

　直接法は，直感的でわかりやすい一方で，実務ではあまり使用されません。固定資産の勘定科目の数値が減少していくからです[3]！　それを減少させるために減価償却をするのに，何がいけないのでしょうか？　それは，固定資産の元の取得原価がわからなくなるからです。もともと 100 億のものが減価償却の結果 1 億となった固定資産と，新しく購入

3）本当は，特に有形固定資産は，使用できなくなったものを廃棄し，再度投資する際の会社内部に留保されると「想定される」自己金融効果を示すため，といった説明をすべきかもしれませんが，実際に資金が社内に蓄積される保証はないので，本テキストはここを強調しません。詳しくは，本格的な財務会計のテキストで調べてみてください。

した1億の固定資産は同じとみられますか？　直接法では，帳簿上，同じになってしまいますね。そこで，元々の固定資産の取得原価を勘定科目の数値として維持しつつ，固定資産がどこまで減価しているのかを示す，固定資産のマイナスを示す勘定科目を設定して仕訳するのが間接法です。

　間接法とは，固定資産の簿価を直接減少させるのではなく，**減価償却累計額** a/c という資産のマイナスを示す勘定科目をつかって仕訳する方法です。固定資産の簿価は減少させませんが，そのマイナスを示す減価償却累計額をあわせてみれば，減価償却後の実質的な価額が把握でき，直接法の簿価と同じになるというわけです。設例で確認しましょう。

設例 7-3

　備品（取得原価1,000円，耐用年数9年，残存価額は取得原価の10%）を期首に取得した。間接法により，決算整理仕訳をせよ。

$$減 価 償 却 費 \ 100 \ / \ 減価償却累計額 \ 100$$

備　　　品		減価償却費	
（期首）　1,000		**（決算）**　100	

減価償却累計額	
	（決算）　100

　これは，【設例7-2】と同じ状況ですので，比べてみてください。減価償却費は1年間の備品の減少額ですので，直接法でも間接法でも同じ100です。他方で，備品1,000の数値は減少させませんが，代わりに，そのマイナスを示す減価償却累計額100と合わせると900となり，直接法の備品と同じになります。間接法では，常に，固定資産とそのマイナスを示す減価償却累計額をセットで考えるのです。

練習問題 7-3

　次の決算整理を間接法で仕訳せよ（決算日3月31日）。
（1）建物（取得原価500円，残存価額50円，耐用年数9年）を購入し，期首より使用している。
（2）建物（取得価額1,000円，残存価額100円，耐用年数3年）を購入し，期首より使用している。
（3）備品（取得原価5,000円，耐用年数9年，残存価額は取得原価の10%）を3年前の期首に購入し，使用している。

（4）取得価額1,000円，残存価額100円，耐用年数3年の建物を購入し，当期の6月1日より使用している。

（1）				
（2）				
（3）				
（4）				

7.1.5　売却時の処理（期中取引）

　決算整理で行われる減価償却の知識をつかって，あらためて，期中取引の学習に戻りましょう。期中の，固定資産の売却の処理はすでに4章で学習しました。固定資産の売却価額と帳簿価額の差額を，収益もしくは費用とし，これを固定資産売却益a/c（収益）か固定資産売却損a/c（費用）で仕訳するのでしたね。ただ，4章では，減価償却累計額を学習していませんでした。そこで，ここでは，減価償却を考慮した場合の，固定資産売却をみていきます。

　元々の固定資産の取得原価から，減価償却累計額を控除した額を**未償却残高**といいますが，売却時に，この未償却残高と売却価額を比べて，差額を収益もしくは費用とするのが基本です。間接法における減価償却累計額a/cは，固定資産の減価分を示すのでした。ということは，固定資産を売却すれば，対応する減価償却累計額a/cもなくさないといけません。間接法では，固定資産と減価償却累計額をつねにセットで考えるということを思い出してください。設例で確認しましょう。

[設 例 7-4]

　前期に購入した建物1,000円（減価償却累計額300円）を当期首に600円で売却し，現金を受取った。間接法で仕訳せよ。

　　　　　　　　減価償却累計額　300 ／ 建　　　　　　物 1,000
　　　　　　　　現　　　　　金　600
　　　　　　　　固定資産売却損　100

　帳簿上の建物a/cの価額は1,000ですが，そのマイナスを示す減価償却累計額a/cは300ですので，実質的に700円の価値があるといえます。それを600円で売却すれば，100円の損ですね。だから，固定資産売却損a/cが費用として計上されたわけです。何を受け取って，何を手放したのか，その差額を損や益とするのが本質です。

[練習問題 7-4]

　次の取引を間接法で仕訳せよ。

（1）期首に取得原価1,000円，減価償却累計額100円の車両を売却し現金800円を受

取った。

（2）期首に取得価額2,000円，減価償却累計額500円の建物を現金2,000円で売却した。

（3）期首（×5年4月1日）に建物（×1年4月1日取得，取得原価1,000円，耐用年数10年，残存価額10％，定額法）を現金700円で売却した。

（4）当期（4月1日から3月31日）の7月1日に建物（取得原価2,000円，減価償却累計額1,000円，耐用年数5年，残存価額なし，定額法）を現金900円で売却した。

（1）				
（2）				
（3）				
（4）				

7.2　貸倒引当金

　実は，上記の減価償却累計額a/cも，これから学習する貸倒引当金a/cも，いずれも，資産のマイナスを示すものです。ただし，両者には，決定的に違う点があります。"過去"の固定資産への支出を，資産とし，徐々に，減価部分を当期の費用とするのが減価償却でした。ところが，今から学習する貸倒引当金は，過去ではなく，これから生じる"将来"の資産の"減少"を当期の費用とします。将来のことは誰もわからないだろ！ってツッコミをした人，その通りです。ですが，実際に，将来を予想して当期の費用を記録するのです。資産の"減少"の発生時点が減価償却と決定的に異なることに注意して，貸倒引当金の処理をみていきましょう。

7.2.1　貸倒損失（期中取引：貸倒引当金なし）

　売掛金，電子記録債権や受取手形といった，商品取引に関する債権を**売上債権**といいますが，これらは商品の売上に関する代金を，将来，回収する権利です。ただ，相手先（得意先）が倒産すれば，債権を回収できません。これを**貸倒れ**といい，売上債権は消滅します。このように，期中，相手先の倒産等によって売上債権が回収不能となった場合，仕訳上，売上債権の簿価を消滅させ，**貸倒損失**a/c（費用）を記録します[4]。

4）ここでの議論は，後に説明する貸倒引当金が存在しない場合です。

得意先が倒産し，同店に対する売掛金 100 円が貸倒れた。

$$貸 倒 損 失 \; 100 \; / \; 売 \; 掛 \; 金 \; 100$$

練習問題 7－5

次の期中取引を仕訳せよ。

（1）A 社に対する受取手形 200 円が回収不能となった。

（2）B 社に対する売掛金 100 円が回収不能となった。

(1)				
(2)				

7.2.2 貸倒引当金の見積（決算整理）

　将来，お金をもらえるから，売上債権は資産なのであって，相手が倒産してお金が入ってこない可能性が高ければ，その分，売掛金の"価値"は下がります。1,000 円確実にもらえる状況と，1,000 円もらえる"かもしれない"状況，どちらがよいですか？　売上債権の将来の貸倒れを見積もり，"実質的"な売上債権の価額を考えれば，簿価よりも低くなるはずでしょう。ただ，相手先の倒産の可能性があるとしても，現時点で倒産しているわけではありませんので，実際には，その売掛金は減少（貸倒れ）していません。ですので，決算整理で，直接，売掛金の簿価を減少させるわけにはいきません。

　そこで，決算整理で，売上債権の期末残高に**貸倒れの実績率（貸倒繰入率）**を乗じた価額，すなわち，"実質的な"売掛金の減少分を計算します。そして，**貸倒引当金** a/c を，売上債権の実質的なマイナスを示す勘定科目とし，売上債権の簿価から間接的に控除します。固定資産から減価償却累計額 a/c を間接的に控除して，実質的な固定資産の価額を把握したのと同じで，売上債権の簿価から，将来減少するかもしれない貸倒引当金 a/c を控除することで，"実質的な"売上債権の残高を示そうというわけです。下記は，貸借対照表にある売掛金の表記の例です。売掛金から，将来の貸倒れの予測である貸倒引当金が控除されて，実質的な数値 970 が示されています。

貸借対照表

売　掛　金	1,000	
貸倒引当金	△30	970

　固定資産のマイナスを示す減価償却累計額 a/c については，年々のその増分は，減価償却費 a/c という費用で記録しました。同じように，貸倒引当金 a/c も，その増分は，**貸倒**

引当金繰入 a/c という費用で記録します。売上債権の将来の貸倒れの可能性が高まることは，会社にとっては，損ですよね。それを費用の発生として記録するわけです。なお，さらにいうと，貸倒引当金繰入という費用を記録するのは，関係する収益と費用を対応させるためでもあります。たとえば，"当期"に掛で売上げ，売上 a/c（収益）を記録し，その売掛金が"次期"に貸倒れたとしましょう。貸倒引当金がなければ，"当期"に収益，"次期"に費用が記録されます。この関係する収益と費用の記録のタイミングのズレに，問題があるわけです。

　簿記の世界では，収益と費用の差額である，当期純利益は，会社の業績，すなわち成果を示します。努力とその成果の結果として，会社のパフォーマンスを利益で表現するなら，関連する収益と費用を同じ期間に記録したいですよね。そうなると，"当期"の収益の結果生じた費用を"次期"に記録するのは好ましくないのです。そこで，この問題を解決するため，決算整理で，当期に生じた売上債権に対応する収益に対して，将来の損となりうる貸倒れの予測額を，当期の費用として記録します。予想でしかないですが，それでも，収益と関連する費用が同じ期間に記録されますよね。それが貸倒引当金繰入 a/c（費用）なのです。

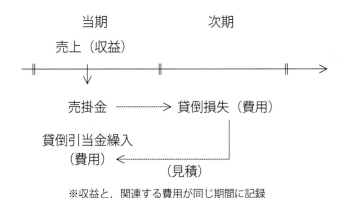

※収益と，関連する費用が同じ期間に記録

設 例 **7－6**

　期末の売掛金残高は 1,000 円である。その 3% が将来貸倒れると予想され，決算整理で，同額の貸倒引当金を設定した。

貸倒引当金繰入 30 / **貸 倒 引 当 金** 30

　決算時にこの仕訳をすることによって，将来起きるかもしれない 30 円の貸倒れを当期に費用とします。これによって，予測ですけど，売上という収益とそこから生じうる費用が同じ期間に記録されるわけです。これは，売掛金の実質的なマイナスを意味する貸倒引当金 a/c によって，売掛金の価額を"実質的"に減少させたことにもなります。

練習問題7-6

次の決算整理仕訳をせよ。

（1）決算時，売掛金が500円ある。貸倒繰入率1%として貸倒引当金を設定する。

（2）決算時，売掛金300円，受取手形600円について1%貸倒引当金を設定する。

（3）期中に受取った受取手形100円につき，1%の貸倒引当金を設定する。

(1)				
(2)				
(3)				

7.2.3　貸倒れの発生（期中取引）

貸倒引当金を決算整理で計上した後はどうなるのでしょうか？　その後，期中，予想通り貸倒れが生じれば，実際に売上債権が消滅しますので，そのマイナスを示す貸倒引当金も同時に減少（取崩）させます。費用はすでに記録されていますので，貸倒引当金を設定しなければ記録されたであろう貸倒損失a/c（費用）は計上されません。もちろん，貸倒引当金の見積もりは予測でしかありませんので，実際の貸倒額と乖離することはあります。その場合には，期中，状況に応じて，次のような仕訳をしていきます。

【予測≧実際のケース】

引当金を設定した時の想定内で，貸倒れた価額が，当初見積もった価額以下でしたら，基本的に，貸倒引当金を減少させます。たとえば，前期末に貸倒引当金10円を設定し，前期発生の売掛金5円が当期に貸倒れたら，次の仕訳をします。

貸倒引当金 5 / 売　掛　金 5

【予測＜実際のケース】

当初見積もった貸倒引当金よりも多く，貸倒れが生じた場合には，差額を貸倒損失a/cします。たとえば，前期末に貸倒引当金10円を設定し，前期発生の売掛金50円が当期に貸倒れたとすると，以下の仕訳をします。貸倒引当金よりも，実際の貸倒れが多ければ，差額は貸倒損失a/cで処理するしかありません。

貸倒引当金 10 / 売　掛　金 50
貸 倒 損 失 40

なお，貸倒引当金を設定するのは決算整理時だけです。ですので，当期の期中に発生した売上債権は引当金の対象外となります。貸倒れを見積もった際に存在しなかった売上債権だからです。対象外の売上債権の貸倒れについては，引当金を取崩すことはできませんので注意してください。たとえば，前期末に貸倒引当金10円が設定され，当期，発生し

た売掛金5円が，当期に貸倒れた場合には，貸倒引当金は減少させません。以下の仕訳を
おこないます。

貸 倒 損 失 5 / 売　掛　金 5

　さて，よくあることではありませんが，前期以前に貸倒れとして処理した債権の全部ま
たは一部を当期に回収することがあります。このような場合，その回収額を**償却債権取立
益** a/c（収益）とします。たとえば，前期に貸倒れとして処理した売掛金500円を当期に
現金で回収できたとすると，以下のような仕訳となります。

現　　　　　　　金 500 / 償却債権取立益 500

練習問題7－7

　次の期中取引を仕訳せよ。
（1）前期に発生した売掛金50円が貸倒れた。帳簿上，貸倒引当金の残高は100円である。
（2）前期に発生した売掛金200円が貸倒れた。帳簿上，貸倒引当金の残高は100円である。
（3）当期の売上にともなう売掛金10円が貸倒れた。貸倒引当金の残高は200円である。
（4）貸倒引当金の残高が200円のとき，2年前に生じた売掛金300円が回収不能となった。
（5）前年度，貸倒れとして処理し，帳簿から削除していた売掛金につき，現金100円を回収した。

(1)				
(2)				
(3)				
(4)				
(5)				

7.2.4　差額補充法（決算整理）

　再び，話を決算整理の時点に戻しましょう。毎年，貸倒引当金を決算整理で見積もりま
すので，帳簿上，前期に設定した貸倒引当金が，一部，取崩されずに残っていることはあ
りえますよね。ここで，あらためて貸倒引当金を設定するときに，あらたな貸倒見積額と，
帳簿上の貸倒引当金残高の差額を調整する方法を**差額補充法**といいますが，この具体的な

方法をケースごとにみていきましょう。

【見積額≧引当金残高のケース】

　決算時点の貸倒見積額と，帳簿上の貸倒引当金の残高を比較し，見積額よりも帳簿上の引当金の価額が少ないときは，不足額だけ，貸倒引当金を決算整理仕訳で補充します。たとえば，決算整理前の貸倒引当金残高が3円で，決算整理時の貸倒見積額が5円のときは，5円の貸倒引当金が必要ですけど，すでに帳簿上で3円あるわけですから，差額の2円分のみを増加させればよいですよね。つまり，差額を"補充"するのが差額補充法です。

貸倒引当金繰入 2 / 貸 倒 引 当 金 2

【見積額＜引当金残高のケース】

　見積もった貸倒れの見積額よりも，帳簿上の貸倒引当金の残高が多い場合もありえます。たとえば，貸倒見積額が3円のときに，帳簿の貸倒引当金残高が5円だとすると，3円分の貸倒引当金が必要なのに，帳簿では5円もあるため，不必要な引当金2円を取崩します。思ったよりも損失が少ないと想定されるため，**貸倒引当金戻入** a/c という収益の勘定科目を使用します。

貸 倒 引 当 金 2 / 貸倒引当金戻入 2

練習問題 7－8

　次の一連の取引を仕訳せよ。
- （1）x1 の決算時に売掛金残高 2,000 円に対して 1%の貸倒を見積もった。なお，決算整理前の貸倒引当金残高は 25 円であった。
- （2）x2 年に，x1 年に発生した売掛金 10 円が貸倒れた。
- （3）x2 年の期中に発生した売掛金 100 円が，その後，x2 年に貸倒れた。
- （4）x2 年に，x1 年に発生した売掛金 20 円が貸倒れた。

（1）				
（2）				
（3）				
（4）				

第7章　章末問題

章末問題7－1

次の取引を仕訳せよ。

（1）前年度に取得した建物（取得原価2,000円，耐用年数6年，残存価額は取得原価の10%）に関する決算整理を間接法，定額法で仕訳せよ。

（2）当期首に，土地1,000円と建物1,000円を取得し，使用している。建物は，残存価額100円で耐用年数は9年である。当期末の決算整理仕訳を示せ（間接法・定額法）。

（3）使用している車両運搬具（取得原価100,000円，耐用年数5年，残存価額なし）を50,000円で売却し，小切手を受取った。車両運搬具の減価償却累計額は60,000円で，当期は6カ月使用している。

（4）前期発生の売掛金100円が貸倒れとなった。貸倒引当金残高は200円である。

（5）貸倒引当金残高が400円のときに，前期発生の受取手形300円が貸倒れた。

（6）貸倒引当金残高が400円のときに，当期発生の売掛金300円が貸倒れた。

（7）決算において，貸倒引当金の設定をおこなう。当該残高は200円であり，期末の売掛金残高1,000円に対して10%を設定する。

（8）決算において，貸倒引当金の設定をおこなう。当該残高は10円であり，期末の売掛金残高1,000円に対して20%を設定する。

(1)				
(2)				
(3)				
(4)				
(5)				
(6)				
(7)				
(8)				

章末問題7－2

次の仕訳をしなさい（1年は，4月1日から3月31日とする）。

（1）前期発生の売掛金500円が貸倒れた。現時点での貸倒引当金残高は1,000円である。

（2）掛売上300円を計上した（三分法）。

（3）当期発生分の売掛金300円が貸倒れた。

（4）前期で貸倒処理していた売掛金1,000円を現金で回収した。

（5）事務機器（取得原価36,000円，残存価額ゼロ，耐用年数5年，償却方法は定額法，直接法）を3年間使用してきたが，4年目期首に10,000円で売却し，代金は現金で受取った。

（6）×1年8月1日に取得した業務用コピー機（取得原価60,000円，残存価額ゼロ，耐用年数5年，減価償却の計算方法は定額法，記帳方法は間接法，取得年度および売却年度の減価償却費については月割計算）を×3年5月31日に45,000円で売却し，売却代金は月末に受取ることにした。

（7）建物（取得原価5,000円，耐用年数9年，残存価格：取得原価の10%）を3年前の期首に購入し使用している。決算整理仕訳をしなさい（間接法）。

（8）取得原価1,000円，残存価額100円，耐用年数3年の建物を現金購入し，当期の6月1日より使用している。決算整理仕訳をしなさい。

（9）決算において，売掛金残高10,000円に対して，10%の貸倒れを見積もった。

（1）				
（2）				
（3）				
（4）				
（5）				
（6）				
（7）				
（8）				
（9）				

第8章

決算整理（商品取引その他の決算整理事項）

7章から決算整理仕訳の学習を進めてきました。本章も引き続き決算整理仕訳について学びます。会社の財務の状況を適切に開示するためには，期中取引の仕訳を合算するだけでは不十分です。会社の財務状況を1年間で区切って報告するため，それに合わせて帳簿の修正を行います。決算整理仕訳は期末に行いますが，実際に取引があるわけではありません。本章では決算整理仕訳のうち，商品取引とその他の決算整理事項を学びましょう。ここでのポイントは以下の通りです。

（1）商品取引に関する決算整理
（2）現金過不足に関する決算整理
（3）貯蔵品と消耗品に関する決算整理
（4）当座借越に関する決算整理
（5）会社の法人税等
（6）消費税の処理

8.1 商品取引に関する決算整理

商品の取引については，これまで分記法と三分法を学習してきました。分記法ではその都度儲けを計算しますので決算整理は必要ありませんが，皆さんが仕訳で用いてきた三分法では決算整理をしなければなりません。商品の取引を三分法で仕訳した場合に必要となる決算整理を中心に確認します。

商品売買は会社の営業活動の中心的な取引のため，財務諸表をみる人も関心を持っています。したがって，商品売買に関する仕訳や勘定科目は他の取引とは異なったものとなることがあります。ここでは，まず商品売買に関わる仕訳を復習し，なぜ商品売買の仕訳で決算整理が必要なのかを確認します。そのうえで，決算において必要となる売上原価（販売した商品の仕入れ額）の計算と仕訳を学習します。なお，この決算整理仕訳の数はふたつしかありませんが，機械的に覚えるのではなくその意味を理解するようにしましょう。

期中取引の復習

4章でみたように，商品の仕訳には分記法と三分法がありましたが，実務では，主と

125

して三分法が使用されます。一方で，商品 a/c（資産）と商品売買益 a/c（収益）をつかう分記法は，売上時に，商品の仕入値も仕訳しました。売上から商品の原価（いくらで仕入れたか）を差し引いて，商品売買益 a/c（収益）を把握しましたよね。売上のたびに原価を把握する必要があり，たいへんそうです。しかも，損益計算書では，商品取引に関連する儲けしか示されません。しかし，三分法は違います。仕入時の対価を仕入 a/c（費用）で，そして売上時に受取った対価を売上 a/c（収益）としましたよね。後で説明しますが，期中は，あたかも，仕入時に商品をすべて売り手に引渡すかのように仕訳するため，期末の決算整理で売れ残った部分を修正しないといけないのです。でも，それによって損益計算書で売上（収益）と原価（費用）の両方を示すことができるため，取引の規模が表現できるというメリットがあります。

設 例 8－1

4/1 に商品を現金 100 円で購入し，9/1 にそれを現金 150 円で売却した。

（4月1日）仕　　　入 100 ／ 現　　　金 100
（9月1日）現　　　金 150 ／ 売　　　上 150

練習問題 8－1

次の期中取引を仕訳せよ。

（1）商品 50 円を現金で購入した（三分法）。
（2）（1）で購入した商品を現金 200 円で売却した（三分法）。
（3）（1）を分記法で仕訳せよ。
（4）（2）を分記法で仕訳せよ。

(1)				
(2)				
(3)				
(4)				

8.1.1　三分法では，なぜ商品を受取って費用が生じるのか

　商品は財産なので，商品の仕入時に資産が増えたと感じるのが自然ですが，三分法では，この取引を資産の増加としてではなく，費用の発生として仕訳をします。"将来，売却して引渡すのだから，仕入時に費用としてしまい，商品が売れ残った場合は期末の決算整理で修正しよう。"と考えます。そうすることで，取引の都度いくらで仕入れたのかを確認する手間を省くことができます。

以下は通常は行わない仕訳ですが，商品を受け取って費用が発生する理由を確認しましょう。"商品"を仕入れた（上段の仕訳）と同時に，その商品を取引相手に引渡したとみなして費用（仕入a/c）を記録（下段の仕訳）します。ふたつの仕訳を同時にみれば，同額の"商品"が左右に生じており，結果として**仕入**100／**現金**100という仕訳になることがわかります。

（商品仕入）"**商 品**"100／**現 金**100

（商品引渡）**仕 入**100／"**商 品**"100

三分法が仕入時に即座に商品を引渡したと仮定するのは，商品の原価を明確に把握できるのが仕入時だからです。実際，多種多量の商品を扱っていれば，売却時に引渡した個々の商品の原価を正確に把握するのは手間がかかります。そこで，金額の明確な仕入時点で費用として仕訳してしまうのです。このように，仕入時に，即座に，商品を引渡したとみれば，商品を売上げて顧客に引渡した段階では，商品引渡しの仕訳は必要なくなり，単に受取った対価を収益とすればよくなります。

下図の4つの矢印のうち，（1）から（3）までの3本については仕入時に仕訳していることになります。したがって，残りの1本の矢印に関する仕訳のみを売却時にすればよいだけです。売上時，商品を引渡しているのに**現金**100／**売上**100という受取りの仕訳のみであった理由がわかったと思います。

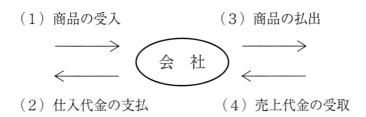

（1）商品の受入　　　　（3）商品の払出

会　社

（2）仕入代金の支払　　　（4）売上代金の受取

このように三分法では，商品の原価に関する仕訳と，販売時の売上代金の仕訳を別個に考えます。ただし，ここでは仕入れた商品がすべて販売されると想定されていました。ところが，上記の処理方法では，在庫を抱えた場合に問題が生じてしまいます。その理由は，想定とは異なり，実際には仕入れた商品がすべて売れたわけではないためです。これが，三分法が決算整理を必要とする理由です。

8.1.2　決算整理における売上原価の算定

三分法では，期中，商品の仕入時に仕入a/c，商品の売上時に売上a/cを計上しました。仕入れた商品のすべてが売れれば問題ないのですが，期末に商品の在庫があれば，特に費用の価額に問題が生じます。売れ残った商品は，顧客に引渡しているわけではありません。ですが，仕訳上は商品を引き渡したと想定して，費用として処理しています。このままでは費用の価額として適切ではありません。費用の価額はどうあるべきか，これをみるため，

次の事例を考えましょう。

設 例 8-2
　期首時点で倉庫に商品が1個あったとする。そして，期中に商品を9個仕入れた。期末の在庫が2個あったとすれば，期中に商品を8個（＝(1 + 9) − 2）販売したことになる。

　これを，金額（数量×価格）でみると，以下のようになります。

設 例 8-3
　期首時点で倉庫に商品が100円分あり（**期首商品棚卸高**），当期中に，新たに仕入れた商品の原価が900円だったとする。期末の決算時点で倉庫内にある商品を調査（**棚卸し**）したところ，200円分の商品（**期末商品棚卸高**）があった。これらの資料より，売上げた商品の原価（**売上原価**）は800円（＝100 + 900 − 200）となる。なお，かりに商品を総額1,500円で売却していれば，儲け（すなわち**売上総利益＝売上高−売上原価**）は700円となる。

【売上原価算定のためのボックス】

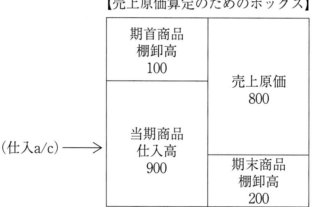

　さて，上記の事例を図示したものが上図です。**当期商品仕入高**は，決算整理前の仕入a/cの残高だから，期末商品棚卸高と期首商品棚卸高さえ把握すれば，売上原価を算定できます。すなわち，**売上原価＝期首商品棚卸高＋当期商品仕入高−期末商品棚卸高**となります。利益の計算上，売上という収益と対応すべき費用は，実際に売上げた商品の原価，すなわち売上原価です。

練習問題 8-2
　売上原価と売上総利益を計算せよ。
（1）期首商品棚卸高100円，当期商品仕入高400円，期末商品棚卸高200円，当期売上高600円。
（2）期首商品棚卸高300円，当期商品仕入高500円，期末商品棚卸高300円，当期売

上高 900 円。

（3）期首商品棚卸高 200 円，当期商品仕入高 800 円，期末商品棚卸高 400 円，当期売上高 900 円。

（1）	売上原価　（　　　　　　　）	売上総利益（　　　　　　　）
（2）	売上原価　（　　　　　　　）	売上総利益（　　　　　　　）
（3）	売上原価　（　　　　　　　）	売上総利益（　　　　　　　）

練習問題 8 － 3

次の問題に答えよ。

（1）期首商品棚卸高が 100 円，当期商品仕入高が 500 円，期末商品棚卸高が 200 円のとき，売上原価はいくらか。

（2）当期商品仕入高が 900 円，期末商品棚卸高が 100 円，売上原価が 850 円のとき，期首商品棚卸高はいくらか。

（3）期首商品棚卸高が 200 円，期末商品棚卸高が 400 円，売上原価が 1200 円のとき，当期商品仕入高はいくらか。

（1）	
（2）	
（3）	

決算整理の仕訳

　これまで，三分法では，期中，商品の仕入時に仕入 a/c という費用で仕訳する点，"本来の費用"の価額が売上原価であるという点を確認しました。決算時に何も仕訳しなければ，商品を引き渡したと想定している費用が当期商品仕入高となります。仮に売れ残りの在庫があったとしたらどうでしょうか。商品を引き渡せていない在庫分を費用として計上したままでは，会社の状況を適切に表せていません。そこで，期末の決算整理仕訳を通じて，売れ残り分の修正仕訳を行います。

　前頁のボックス図で，当期商品仕入高に期首商品棚卸高を加え，そこから期末商品棚卸高を差し引けば，売上原価が計算できることを再度確認してください。帳簿上でも，同様の考え方で，仕入 a/c の残高を売上原価に修正します。そこで，決算時にのみ，**繰越商品** a/c という在庫を表す資産の勘定科目を使用します。仕入 a/c に期首の繰越商品 a/c の残高を加え，期末の繰越商品 a/c の残高を控除しましょう。期首も期末も在庫は繰越商品 a/c という勘定科目になります。具体的には，以下の仕訳をします。

（期首関連）**仕　　入**　○○○　　　**繰越商品**　○○○
（期末関連）**繰越商品**　□□□　　　**仕　　入**　□□□

期中に仕入 a/c（費用）としたもののうち期末に在庫となっている分を修正したのが下段の仕訳で，期末の在庫分の仕入 a/c を減少させるとともに，次期に繰り越す資産である繰越商品 a/c を増加させます。他方，前期末に在庫分として資産としていた期首の商品を，当期に引渡したとみて減少させるとともに，仕入 a/c を増加させるのが上段の仕訳です。これらの仕訳によって，当期商品仕入高を示していた仕入 a/c の残高が売上原価に修正され，期末の商品在庫分が繰越商品 a/c の残高となります。

練習問題 8－4

次の資料から決算整理仕訳をせよ。

（1）期首商品棚卸高 100 円，期末商品棚卸高 200 円。

（2）期首商品棚卸高 200 円，期末商品棚卸高 300 円。

(1)				
(2)				

設例 8－4

A 社（会計期間：4 月 1 日から 3 月 31 日）は，負債はなく，期首時点で現金 500 円，繰越商品 50 円を資産として保有していた。期中取引は，（5/10）商品の現金仕入 400 円，（10/1）商品の現金売上 700 円のみであった。なお，期末の商品棚卸高は 100 円である。決算整理後残高試算表の作成までの簿記一巡の流れを示せ。

（前期）繰越試算表

現　金	500	資 本 金	550
繰越商品	50		

【仕訳帳】

（期中：5/10）仕　　　入 400 ／現　　　金 400

（期中：10/1）現　　　金 700 ／売　　　上 700

（決算：3/31）仕　　　入 50 ／繰 越 商 品 50

（決算：3/31）繰 越 商 品 100 ／仕　　　入 100

繰越商品			
（4/1）**前期繰越**	50	（3/31）	50
（3/31）	100		

仕　　入			
（5/10）	400	（3/31）	100
（3/31）	50		

現　　金			
（4/1）**前期繰越**	500	（5/10）	400
（10/1）	700		

売　　上			
		（10/1）	700

資　本　金		
	（4/1）**前期繰越**	550

【残高試算表】

決算整理前残高試算表			
現　　金	800	資　本　金	550
繰越商品	50	売　　上	700
仕　　入	400		

決算整理後残高試算表			
現　　金	800	資　本　金	550
繰越商品	100	売　　上	700
仕　　入	350		

　設例をもとに，再度，全体的な簿記一巡の流れを確認しましょう。まず，前期の繰越試算表によって，当期の期首における資産と負債そして純資産の状況を把握できます。設例では負債がないことに留意してください。期首ではまず，総勘定元帳に，繰越試算表に記載されている勘定科目に“**前期繰越**”と記入します。そして，期中取引の仕訳をおこないます。設例ではふたつの期中取引のみを想定しているため，仕訳もふたつのみです。それらは仕訳帳に仕訳するとともに総勘定元帳に転記します。そして，期末の決算整理前に一度，試算表を作成します。これによって，期中取引が正しくされていることの必要条件をチェックすることができます。左右それぞれ残高の合計が 1,250 円になります。

　決算整理前試算表を作成後，決算整理をおこないます。決算整理前の段階で，仕入 a/c の残高 400 円は，当期商品仕入高を示しています。売れ残りがあるため，この仕入残高は利益計算における費用の価額としては適切でなく，売れた商品の原価である売上原価だけを費用とします。そこで，期首時点の在庫を示す繰越商品 a/c の価額 50 円を仕入 a/c に振替えるとともに，期末時点の在庫分 100 円を仕入 a/c からのぞき，繰越商品 a/c とします。売上原価算定のためのボックス図をイメージしましょう。最後に，決算整理によって修正された総勘定元帳における各勘定科目の残高を集計し，決算整理後残高試算表を作成します。

8.2 現金過不足に関する決算整理

5章でみたように，期中において，保有する現金の価額と帳簿に記帳された価額にズレがある場合にはとりあえず現金過不足 a/c で仕訳し，原因が判明した段階で適切な勘定科目に振替えます。しかし，現実には，そうした差異の原因が判明することばかりではありません。そこで，決算日までに原因が判明しない場合には，現金過不足 a/c の残高を**雑損** a/c（費用）か**雑益** a/c（収益）に振替えます。具体的には，決算整理前の現金過不足 a/c の**残高が左側**（すなわち過去に現金 a/c の簿価よりも，実際の現金保有額が少なかった場合）にあれば雑損 a/c，逆に，現金過不足 a/c の**残高が右側**（すなわち過去に現金 a/c の簿価よりも，実際の現金保有額が多かった場合）にあれば雑益 a/c に振替えます。これによって，決算整理後に，現金過不足 a/c の残高をゼロにします。

練習問題 8 − 5

次の取引を仕訳せよ。

（1）期中，帳簿上の現金残高は 1,000 円だが，実際は 900 円であることが判明した。

（2）（1）につき，決算を迎えたが差異の原因は判明しなかった。

（3）期中，帳簿上の現金残高は 1,000 円だが，実際は 1,100 円あることが判明した。

（4）（3）につき，決算を迎えたが差異の原因は判明しなかった。

（5）現金過不足 12,000 円（左側残高）のうち，10,000 円は支払手数料の記入漏れであることが判明したが，残額については原因不明だった。

（1）			
（2）			
（3）			
（4）			
（5）			

8.3 貯蔵品と消耗品に関する決算整理

通信費と貯蔵品

期中，切手やはがきなどを購入した場合，購入時に**通信費** a/c（費用）で仕訳をします。しかし，仮に，期末の決算時に，切手やはがきなどが未使用であるならば，それらを当期の費用とはせずに，次期以降の費用とするために，資産に計上して繰り越す必要があります。そのような場合は，**通信費** a/c（費用）から**貯蔵品** a/c（資産）に振替える仕訳をします。商品取引の仕訳において，購入時に仕入 a/c（費用）で仕訳し，決算整理で在庫を繰越商品 a/c（資産）とした仕訳をみてみましょう。

設 例 8－5

次の取引を仕訳せよ。

（1）120 円の切手を現金で 10 枚購入した。

（2）期末，120 円の切手が 3 枚残っていた。

（1）**通 信 費** 1,200 / **現　　金** 1,200

（2）**貯 蔵 品** 360 / **通 信 費** 360

　なお，次期の期首に，期末に行った仕訳と逆の仕訳を行う必要があります。このような仕訳を再振替仕訳といいます。再振替仕訳に関しては，**9 章**で詳しく解説します。

（次期期首）**通 信 費** 360 / **貯 蔵 品** 360

租税公課と貯蔵品

　期中，収入印紙を購入した場合，購入時に**租税公課** a/c（費用）で仕訳をします。しかし，仮に，期末の決算時に，収入印紙が未使用であるならば，切手やはがきと同様に，それを当期の費用とはせずに，資産に計上して繰り越します。そして，次期以降の費用とします。そのような場合は，**租税公課** a/c（費用）から**貯蔵品** a/c（資産）に振替える仕訳をします。

設 例 8－6

次の取引を仕訳せよ。

（1）200 円の収入印紙を現金で 5 枚購入した。

（2）期末，200 円の収入印紙が 3 枚残っていた。

（1）**租 税 公 課** 1,000 / **現　　金** 1,000

（2）**貯 蔵 品** 600 / **租 税 公 課** 600

　なお，切手やはがきの場合と同様に，次期の期首に，以下のような再振替仕訳を行います。

（次期期首）**租 税 公 課** 600 / **貯 蔵 品** 600

消耗品費

　期中，消しゴムや鉛筆などの消耗品を購入した場合，**消耗品費** a/c（費用）で仕訳をします。すぐに“消耗してしまうもの”だから，購入時に費用として処理するわけです。仮に，期末の決算時に未使用分が存在すれば，本来であれば，切手や収入印紙と同様に，それを当期の費用とはせずに，資産計上して繰り越し，次期以降の使用した段階でその分の費用を計上するべきでしょう。しかし，消耗品は切手や収入印紙と比べると換金価値が低いため，消耗品の購入時に，費用計上し，期末の決算時に未使用分が存在しても，資産へ

の振替えは行いません。

設例 8−7

（1）100 円の消しゴムを現金で 5 個購入した。

（2）決算において，（1）で購入した消しゴム 1 個が未使用であることが判明した。

（1）**消耗品費** 500 ／ **現　　金** 500

（2）仕訳なし

練習問題 8−6

次の取引の仕訳をせよ。

（1）鉛筆を購入し，現金 1,000 円支払った。

（2）現金で 120 円の切手を 2 枚，200 円の収入印紙を 1 枚購入した。

（3）決算において，（2）で購入した切手 1 枚が未使用であることが判明した。

(1)				
(2)				
(3)				

8.4　当座借越に関する決算整理

　5 章でみたように，当座借越契約を結べば，当座預金残高を超えた一定額を上限として，小切手で決済することができます。そうした契約後，当座預金残高をこえて小切手を振り出すと，会計上それは当座預金 a/c の右側残高として記録され，実質的には銀行から資金を借り入れたことになります。したがって，仮に，そのような状況で期末を迎えた場合は，負債の存在を明らかにするために，当座預金 a/c の残高を**当座借越** a/c（負債），または，借入金 a/c（負債）に振替える必要があります。

設例 8−8

　当座借越契約（上限 10,000 円）のもとで，次の一連の取引を仕訳せよ（三分法）。

（1）当座預金残高が 2,000 円のときに商品 2,500 円を仕入れ，小切手を振出した。

（2）決算となり，当座預金の右側残高 500 円を当座借越に振替えた。

（1）**仕　　入** 2,500 ／ **当座預金** 2,500

（2）**当座預金** 500 ／ **当座借越** 500

　なお，次期の期首に，繰り越された当座借越は，元の当座預金に振替えます。つまり，期末に行った仕訳と逆の仕訳を行う必要があります。このような仕訳を再振替仕訳といい

ます。再振替仕訳に関しては，**9章**で詳しく解説します。

（次期期首）**当座借越** 500 / **当座預金** 500

練習問題8－7

当座借越契約のもとで，次の一連の取引を仕訳せよ。

（1）通信費の支払いのために小切手 2,000 円を振出した。当座預金残高は 900 円であったが，10,000 円を限度とする当座借越契約が存在する。

（2）（1）のあと，商品 500 円を売上げ，代金は当座預金口座に振込まれた（三分法）。

（3）決算となり，当座預金の右側残高を当座借越に振替えた。

（1）				
（2）				
（3）				

8.5　会社の法人税等

6章でみたように，会社は，1年間の儲けである利益に対して，法人税，住民税と事業税を納めます。仕訳では，この3つの税金をまとめて法人税等と称して，**法人税，住民税及び事業税** a/c とします。

会社は1年に1回の決算時に利益が確定します。その利益に対して法人税が課されますから，この時にはじめて支払うべき法人税額がわかります。ここで思い出してほしいのは，期の途中で当期の法人税等見込額の半分を申告し，仮払法人税等 a/c として支払っていたことです。そうすると，法人税が確定した時には，期中に支払っていた仮払法人税額を差し引いて納付することになります。

すなわち，期末に当期の利益額にもとづいた法人税等の金額を計算して，法人税，住民税及び事業税 a/c を左側に処理して，この金額から，期中に支払った仮払法人税等 a/c 額を右側に処理することで差し引き，差額である残額分を**未払法人税等** a/c（負債）として右側に処理します。これらによって，納付時には，当期未払分である，**未払法人税等** a/c （左側）を現金 a/c 等によって支払います。

設　例　8－9

次の一連の取引を仕訳せよ。

（1）50 円の法人税等の中間申告をして，現金で納付した。

（2）当期の利益額にもとづいて，法人税，住民税及び事業税が 80 円と計算された。なお期中，仮払法人税等の額は 50 円であった。

（3）前期の法人税等の未払分 30 円を現金で支払った。

（1）**仮 払 法 人 税 等** 50 / **現　　　　　金** 50

（2）法人税,事業税及び住民税 80 ／ 仮 払 法 人 税 等 50
　　　　　　　　　　　　　　未 払 法 人 税 等 30
（3）未 払 法 人 税 等 30 ／ 現　　　　　金 30

練習問題 8 － 8

次の仕訳をせよ。

（1）法人税等 200,000 円の中間納付を現金で行った。

（2）決算となり，360,000 円の法人税等が確定した。

（3）法人税等の未払い分を現金で支払った。

8.6　消費税の処理

6 章でみたように，消費税を負担するのは会社ではありません。しかし，商品の仕入れ時には消費税をとりあえず支払い，売上げた時にも消費税をとりあえず受け取ります。支払う時は"仮払"，もらったら"仮受"と処理したことを思い出しましょう。また，基本的には仕入時よりも売上時の金額を高くしますので，"仮払"と"仮受"の消費税の額は異なります。

会社が商品を仕入れた時，消費税相当額は，仮払消費税 a/c として，商品相当額は仕入 a/c として，それぞれ左側に仕訳します。他方，商品を売上げた時，消費税相当額は仮受消費税 a/c として，商品相当額は売上 a/c として，それぞれ右側に仕訳します。

決算時，1 年間の消費税額は，**仮受消費税** a/c と**仮払消費税** a/c を相殺して計算し，これらの差額を未払消費税 a/c（負債）または未収還付消費税（資産）に振替えます。最後に，実際に現金 a/c で納付した時点で，**未払消費税** a/c（負債）または**未収還付消費税** a/c（資産）の減少として処理します。

設 例 8 － 10

次の一連の取引を仕訳せよ。

1．商品 110 円（うち消費税 10 円）を現金で仕入れた。

2．（1）の商品を 220 円（うち消費税 20 円）で売り上げ，現金を受け取った。

　　　　　　　（1）仕　　　　　入 100 ／ 現　　　　金 110
　　　　　　　　　　仮払消費税　10
　　　　　　　（2）現　　　　　金 220 ／ 売　　　　上 200
　　　　　　　　　　　　　　　　　　　　仮受消費税　20

第 8 章　章末問題

章末問題 8 － 1

次の仕訳をせよ。指示文に決算整理仕訳と記されていない場合は期中取引をせよ。

（1）期首商品棚卸高 500 円，期末商品棚卸高 700 円であった。決算整理仕訳をせよ。

（2）決算整理時に原因不明の現金過不足 a/c が 100 円（右に残高）ある。決算整理仕訳をせよ。

（3）決算整理時に原因不明の現金過不足 a/c が 200 円（左に残高）ある。決算整理仕訳をせよ。

（4）100 円のボールペンを現金で 5 本購入した。

（5）現金で 200 円の収入印紙を 5 枚，120 円の切手を 5 枚購入した。

（6）決算において，（5）で購入した収入印紙 3 枚が未使用であることが判明した。決算整理仕訳をせよ。

（7）水道光熱費の支払いのために小切手 8,000 円を振出した。当座預金残高は 1,000 円であったが，10,000 円を限度とする当座借越契約が存在する。

（8）決算となり，当座預金の右側残高 2,000 円を当座借越に振替えた。決算整理仕訳をせよ。

（9）当社は，40 円の法人税等の中間申告をして，現金で納付した。

（10）前期の法人税等の未払分 130 円を現金で支払った。

（11）青森会社から商品 110 円（うち消費税 10 円）を現金で仕入れた。

（1）				
（2）				
（3）				
（4）				
（5）				
（6）				
（7）				
（8）				
（9）				
（10）				
（11）				

第9章

決算整理（考え方と経過勘定）

本章が，決算整理仕訳を学ぶ最後の章です。改めて決算整理の役割を振り返りましょう。期中では，取引があったときにのみ，仕訳帳に仕訳し，総勘定元帳に転記しました。**4章**から**6章**までの内容がこれに当たります。ただし，それらの帳簿（特に総勘定元帳）のデータをもとに，単純に会社の成績表である財務諸表を作成することは"適切"ではありません。なぜなら，企業活動には，期中取引の仕訳・転記だけでは把握しきれない様々な活動が含まれているからです。ビジネスは続いているのに，1年間に区切って報告しようとするわけですから，費用や収益を計上するタイミングがずれて，費用が膨らんだり，収益が小さくみえたりすることもあります。そうすると，社内外の人たちに適切な会社の状態を知ってもらうことができないのでした。

さて，本章では主要な決算整理である経過勘定を学びます。利益計算の考え方[1]をあらためて検討した上で，費用や収益の計上すべきタイミングを移す方法を理解しましょう。経過勘定科目は4つのパターンしかありませんから，暗記する分量は少ないです。決算整理の背後にある利益計算の考え方をしっかりと理解しながら，経過勘定を学んでいきましょう。ここでのポイントは以下の通りです。

（1）収入と支出の配分からの，基本的な利益計算の考え方
（2）経過勘定：すでに生じている収支を修正する前払費用・前受収益
（3）経過勘定：将来生じる収支を修正する未払費用・未収収益

9.1　基本的な利益計算の考え方

貸借対照表や損益計算書などの財務諸表には，会社の成績表としての意味合いがあることは，すでに2章で確認しました。簿記の目的は，これら財務諸表の作成にあり，そのためにこれまで期中取引の記帳を学習しました。とはいえ，期中取引を正確に記帳しただけで，当期の財務諸表が作成されるわけではないのです。正確な財務諸表を作成するには，費用や収益を計上するタイミングがずれた時に，期末に帳簿の"修正"をおこなうこと，つまり決算整理が必要になります。この点を理解するために，まず，期中取引の記録をそ

1）本節は，川本淳他（2022）『はじめて出会う会計学第3版』有斐閣アルマからヒントを得ています。

のまま使って財務諸表を作成した場合に，どのような問題が生じるのか，具体的な設例を
とりあげてみていきましょう。

設 例 9-1

A社は，当期に設立された。社長は1年ごとに交代し，従業員には各年度に総額3,000
円の給料を現金支給するものとする。なお，当社は会員制サービスを提供する会社で，2
年間分のサービス提供にかかる手数料10,000円を，当期の期首に現金で受取っている。

これまでの学習から，手数料の受取時に，"**現　　金** 10,000 / **受取手数料** 10,000" と
仕訳することは想像できると思います。まず，現金の受取りによって資産が増加します。
また，この現金の増加は会社にとっての儲けなので，収益である受取手数料a/cを増加さ
せます。素直に考えれば，当期に受取手数料a/cと給料a/cを計上し，次期にも給料a/c
を期中取引として仕訳すればよさそうです。

当期と次期の期中仕訳と，さしあたっての各期の収益・費用を以下に示します。なお，
2章で確認した通り，収益と費用の差額として，当期純利益が計算されることを思い出し
ておきましょう。

（当期）**現　　金** 10,000 / **受取手数料** 10,000

　　　　給　　料 3,000 / **現　　金** 3,000

（次期）**給　　料** 3,000 / **現　　金** 3,000

	当 期	次 期
収益	10,000	0
費用	3,000	3,000
利益	7,000	△3,000

期中取引を仕訳し，そこからそのまま財務諸表を作成すれば，当期の純利益は7,000円
で，次期の純利益はマイナス3,000円となりますが，この評価は妥当だと言えるでしょう
か。財務諸表は会社の成績表であり，会社を経営する社長の評価と連動している場合もあ
りえます。その場合，当期の社長の評価は高く，次期の社長の評価は低くなります。ここ
でえられた結果から，当期の社長はがんばり，次期の社長はサボったと判断してよいので
しょうか。

答えは"No"です。当期純利益が7,000円で，次期の純利益がマイナス3,000円なのは，
単純に，2年分の手数料の受取が当期だったからです。従業員の給料も毎期3,000円であ
り，会社が毎期一定のサービスを提供するのであれば，当期と次期の利益の違いは，手数
料として現金を受取ったタイミングだけです。仮に，2年分の手数料を分割して，1年ご

とに5,000円を受取っていれば，こうした違いは生じません。このように考えれば，対価を受取るタイミングが異なるだけで，当期の社長の評価は高く，次期の社長の評価が低いというのは問題です。むしろ，まったく同じ経営を2年間するのだから，利益の金額は当期も次期も同じになる方が計算上望ましいわけです。そこで，先の当期の収益のうち，5,000円を次期に移動させた，以下の表をみてみましょう。

	当期	次期
収益	5,000	5,000
費用	3,000	3,000
利益	2,000	2,000

　じつは，簿記のルールでも，決算整理によって，上記のような修正を加えることで収益の均等化を図ります。当期に受取った手数料10,000円は2年分のサービスの対価であることから，それぞれの会計期間に対して，5,000円ずつ振り分けます。受取った収入（10,000円）のうち，当期にサービスを提供した分のみを当期の収益（5,000円）として，残り（5,000円）は，それに相当するサービスを提供する次期の収益とします。これによって，毎期同額の利益が計算され，社長の評価も公正になります。実際のパフォーマンスが当期も次期もまったく同じであれば当然の結果といえます。

　このように，期中では，とりあえず収入と支出などを仕訳します。そして，期中取引の記帳の一部を期末に修正する決算整理を通じて，タイミングのずれを修正する仕訳をおこない適切な利益を計算します。決算整理仕訳には，次の4つのパターンしかありません――（1）過去の支出等を当期以降の費用とする「前払費用」，（2）過去の収入等を当期以降の収益とする「前受収益」，（3）将来の支出等を当期の費用とする「未払費用」，（4）将来の収入等を当期の収益とする「未収収益」――。くれぐれも，決算整理時に実際に取引が生じたわけではなく，単に，帳簿上の修正をするのみである点を改めて確認しておきましょう。

　さて，抽象的で難しいかもしれませんが，これまでの内容を一般化しておきます。決算整理をすることで，次の3点について，正確な記録がえられます。まず，（1）財サービスの提供が完了した部分に対応する成果（収入など）を当期の収益とします。さらに，（2）その当期の収益を獲得するための努力（支出など）を費用とします。これによって，（3）関連する収益と費用を**同じ期間に対応**させ，できるだけ会社を評価するのに適切な利益を計算しようというわけです。ここでは，資産や負債，純資産についてはいっさい言及しませんでしたが，収入や支出等の金額を変えずに収益や費用の額を修正するためには，それらも擬制的に（身代わりとして）修正します。こうした点をふまえ，ここからは，経過勘定の4つのパターンをくわしくみていきましょう。

9.2　経過勘定：前払費用・前受収益

　主要な決算整理仕訳では，経過勘定といわれる勘定科目が生じることがあります。ここでは，そのうち，前払費用と前受収益をみていきましょう。決算整理以前に，家賃や保険料，利息等の**一定期間にわたって継続する契約**が交わされ，それに関わる支出や収入がすでに帳簿に記入されている状況を想像してください。次期以降の期間に相当する支出や収入は，今期の財務諸表に入れるべきではありません。まずは，それらの金額を当期でなく，次期以降の費用や収益とする仕訳を学んでいきましょう。

9.2.1　前払費用（費用の前払い → 払いすぎ → 資産）

　たとえば，電車の切符を購入したときには費用（旅費交通費 a/c）が生じますが，この場合は，当期における費用が増加するだけです。では，従業員の通勤のために5年分の定期券を購入した場合はどうでしょうか。その支出全額を"当期の費用"とすることには，違和感を覚えると思います。当期の費用は，あくまで"当期の収益を獲得するための努力"を示すものなので，5年分の支出額をすべて当期の費用とするのは問題です。

　次期以降に支出してもよかったものを当期に"費用"として支出した場合（大雑把にいって，払いすぎの場合）のことを考えてみましょう。まず期中には，何も考えずにその支出の全額を費用として仕訳します。ただ，それは払いすぎているので，帳簿上，次期以降の分を費用から除かなければなりません。具体的には，帳簿上の費用を減らし，それを資産に振替える仕訳をします。設例をみていきましょう。

設 例 9−2

　次の取引を仕訳せよ（会計期間：1月1日から12月31日）。
（1）10月31日に，この先1年分の保険料1,200円を現金で支払った。
（2）決算日に決算整理をした。

　　　　　　（期中：10/31）**保　険　料** 1,200 / **現　　　金** 1,200
　　　　　　（決算：12/31）**前払保険料** 1,000 / **保　険　料** 1,000

　まず，期中に保険料の支払があれば，その支出全額に相当する費用を仕訳します。前章までにみたように，期中では，支出をそのまま費用とします。そして，期末の決算整理で，費用とされた支出額のうち次期の1月1日から10月31日までの10カ月分1,000円（1,200 × 10 / 12 = 1,000）を減らします。費用を減らす時は右側（貸方）に記しますから，左側（借方）に何かしらの勘定科目を入れる必要があります。それが，**前払○○○** a/c（資産）です。この場合は，当期でなく次期の費用とするために**前払保険料**（資産）に振替えます[2]。これが経過勘定といわれるものです。これにより，当初は12カ月分の保険料 a/c が記録されていたが，10カ月分減少し，2カ月分に修正されます。この2カ月分が本来の当期の費

_____
2）払いすぎといって，決算日に実際に現金を払戻すわけではありません。

用の額です。なお，来期の費用となる10カ月分の費用は，来期まで前払○○○ a/c として資産に計上されることとなります。保険料の前払いであれば前払保険料 a/c となり，手数料の前払いであれば前払手数料 a/c となるわけです。

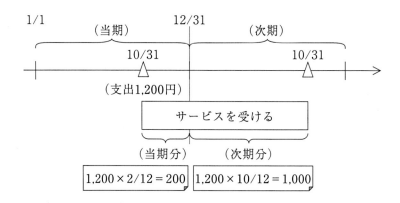

　なお，この前払保険料 a/c などの資産計上された経過勘定は，次期の期首に以下の**再振替仕訳**をおこなうことで，再び費用に戻されます。経過勘定は，利益を算定するためだけに計上された "とりあえず" の勘定科目であり，決算日になれば役割を終えるとイメージしておいてください。そもそも，**3章**でみたように，収益や費用といったフローの要素は，毎期ゼロリセットするために，次期に繰越すことはできませんでした。決算時に，次期以降の支出に関連する費用を，一時的に，繰越可能なストック（資産，負債，純資産）に変換したのが経過勘定であり，次期の期首に再度，ストックをフローに変換するのが再振替仕訳です[3]。今回の場合，来期分に相当する10カ月分の保険料を資産に変換して繰越して，再振替仕訳を通じて次期の費用とします。

（次期期首）保　険　料 1,000 / 前払保険料 1,000

3）なお，再振替仕訳は期首におこないますが，本来は期中でもいいです。

次の取引について仕訳せよ（決算日3月31日）。

（1）12月31に，この先1年分の保険料2,400円を現金で支払った。

（2）3月31日に（1）について，決算整理をおこなった。

（3）（2）について，次期の4月1日に再振替仕訳をした。

（4）10月1日に支払ったむこう1年分の利息120円につき，決算整理をおこなった[4]。

（5）7月1日に支払ったむこう1年分の家賃240円につき，決算整理をおこなった。

（6）保険料は毎年10月1日に1年分を支払っている。なお，保険料勘定の期末残高は360円である。保険料の未経過分につき，決算整理をおこなった。

（1）				
（2）				
（3）				
（4）				
（5）				
（6）				

9.2.2　前受収益（収益の前受 → もらいすぎ → 負債）

次に，前受収益をみていきましょう。契約により当期に収入があり，全額を収益としてたが，そのうち，次期に受取ってもよかった収入分（大雑把に，もらいすぎ）に相当する額は，当期の収益から除く仕訳をしなければなりません。なぜなら，期中では，その収入のすべてを，何も考えずに収益として仕訳していたからです。たとえば，店舗を他社に貸している状態で，5年分の家賃を前もって受け取る場合，期中の受取時は，何も考えずに，全額，受取家賃a/cという収益の勘定科目で仕訳します。そして，決算整理時に，次期以降の分を当期の収益の額から減らし，それを負債に振替える仕訳をおこないます。収益を減らす場合は左側（借方）に記しますから，右側（貸方）に何かしら勘定科目を入れる必要があります。それが，**前受○○○ a/c**（負債）です。家賃の前受けであれば前受家賃a/cとなり，手数料の前受けであれば前受手数料a/cとなるわけです。このように，収益の前受分に相当する経過勘定は，前受○○○ a/cとします。

次の取引を仕訳せよ（当期は，1月1日から12月31日）。

（1）10月31日に，この先1年分の家賃を現金1,200円で受取った。

（2）決算日に決算整理をした。

4）「向こう（むこう）」は "この先"，「未経過分」は "次期以降の分" という意味です。資格試験ではよく使われる言葉です。

（期中：10/31）現　　金 1,200 / 受取家賃 1,200

（決算：12/31）受取家賃 1,000 / 前受家賃 1,000

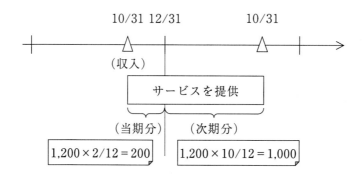

　前受収益の処理でも，先ほどと同様，次期首に以下のような再振替仕訳をおこないます。こうした経過勘定は決算整理で生じた後はすぐになくなり，これが，"経過"勘定といわれるそもそものゆえんです。これによって，当初の収入のうち，次期分が，次期における収益となります。

（次期期首）前 受 家 賃 1,000 / 受 取 家 賃 1,000

練習問題９－２

次の取引につき，仕訳せよ（決算日３月31日）。

（１）７月１日に，むこう１年分の家賃 2,400 円を現金で受取った。

（２）決算日につき，（１）の未経過分につき決算整理をおこなった。

（３）（２）に関する再振替仕訳を次期の期首におこなった。

（４）決算日につき，当期の10月１日に受取ったこの先１年分の地代 360 円のうち，未経過分につき決算整理をおこなった。なお，地代については**受取地代** a/c（収益）で処理している。

（５）３月１日に，まえもって事務所の４月から６月分の家賃代 100 円を現金で受取っていたことから，３月31日に決算整理をした。

（６）毎年７月１日に，むこう１年分の手数料を受け取っている。なお，受取手数料勘定の期末残高は 150 円である。手数料の前受分につき決算整理をおこなった。

（1）			
（2）			
（3）			
（4）			
（5）			
（6）			

9.3　経過勘定：未払費用・未収収益

　前払費用・前受収益では，家賃や保険料，利息等の一定期間にわたって継続する契約がある場合に，当期に支払や受取が行われた収支の金額のうち，次期以降に相当する分の金額を資産や負債に振替えました。契約がある以上，将来，サービスを受ける権利や，サービスを提供する義務が明確だからです。それに対して，次にみる，未払費用・未収収益の処理においては，一定期間継続する契約がある場合に，"将来"の収支を"当期"の費用や収益とする仕訳を決算整理としておこないます。ここで対象となる取引は，将来の収入や支出等についてであり，特段，期中において帳簿上に記録されたものではない点に留意しましょう。

9.3.1　未払費用（費用の未払 → 払うべきものが未払 → 負債）

　仲介や資金の借入といったサービスを受け，それに対する手数料や利息支払などを支出した場合には，サービスのために"現金を消費した"と考えることができます。したがって，この場合に費用が認識されること自体に違和感はないと思います。では，たとえば当期にサービスを受けた一方で，契約により，サービスの対価としての支出を次期以降におこなう場合はどうでしょうか。

　この場合，何もしなければ次期にのみ費用が記録され，当期には何も記録されないことになります。先にみた，社長の評価と財務諸表の結果を思い出してほしいのですが，支払のタイミングの違いのみで，利益（費用）の価額が異なっています。適切に経営状態を評価できない財務諸表の数字には問題があります。そこで，"次期以降"の支出についても，"当期"のサービス利用に相当する部分については，"当期"に費用が認識されるような処理をすべきです[5]。

　一般に，すでにサービスの提供を受けているが，契約により，その対価となる支出を次期以降におこなう場合，当期に受けたサービスに相当する対価を，当期の費用として仕

---

[5] 当該取引について，たとえば，未払保険料 XXX ／ 未払金 XXX とすれば，これから受け取るサービスに関しての取引を表現することもできると考えられます。しかしながら，契約をした事実を経過勘定を用いて仕訳することはありません。経過勘定の役割は適切な利益計算をするための帳簿の修正です。費用を支払っていないのであれば，帳簿を修正する必要がないためです。

訳します。費用を計上するので左側（借方）に適切な勘定科目を入れますが，右側（貸方）にも何かしらの勘定科目を入れる必要があります。このとき使用する経過勘定が，**未払○○** a/c という負債の勘定科目で，手数料であれば未払手数料 a/c，利息であれば未払利息 a/c となります。では，利息支払を例に，具体的な処理を確認していきましょう。

設 例 9-4

10月31日に A 社から現金 100 円を借入れた。元本の返済は 1 年後であり，年利12%の利息は元本返済時に支払う。当期は，1月1日から始まる会計期間である。

借入れそれ自体の仕訳は問題ないと思います。借入れについては，借入時点から返済時点まで一定金額を借り続けるわけです。問題は，次期に支払う利息（100 × 0.12 = 12）を，当期にどう処理するかです。10月31日に現金を借入れてから 2 カ月後が決算だから，2カ月間，現金の借入というサービスを受けていることになります。そこで，当期分の利息（12 × 2 ／ 12 = 2）を費用として仕訳しましょう。費用なので左側（借方）に計上しますから，右側（貸方）に何かしらの勘定科目を入れる必要があります。そのさい，**未払利息** a/c という負債の勘定科目をつかいます。2カ月分の借入利息を支払うべきところ，契約上，支払いは後日おこなわれるため，その分，債務があると考えておきましょう。

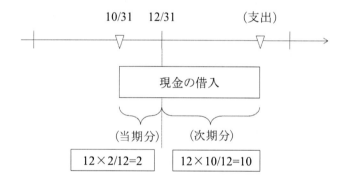

（期中：10/31）現　　金 100 ／ 借　入　金 100
（決算：12/31）支 払 利 息　2 ／ 未 払 利 息　2

なお，ここでも次期期首に再振替仕訳をおこないます。これによって，次期の支払利息 a/c の残高が 2 円だけ減少する一方で，借入の満期に，元本 100 円の返済とともに 12 円の利息を支払うことから，結果として，12 − 2 = 10 円が次期の費用となります。あくまで，期中取引では，その支出がどの期間のものなのかについて考慮する必要はありません。

（次期期首：1／1）未 払 利 息　2 ／ 支 払 利 息　2
（期　　中：11／1）借　入　金 100 ／ 現　　金 112
　　　　　　　　　支 払 利 息　12

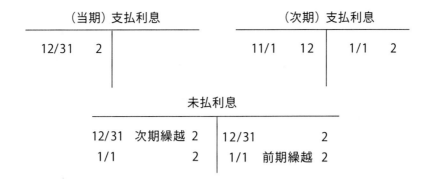

	（当期）支払利息		（次期）支払利息
12/31　2		11/1　12	1/1　2

未払利息	
12/31　次期繰越　2	12/31　　　　　2
1/1　　　　　　2	1/1　前期繰越　2

練習問題9－3

次の一連の取引を仕訳せよ。

（1）X1年10月1日に1年間の保険に加入したが，保険料1,200円の支払は1年後となっている。

（2）X2年3月31日に決算となり，上記の保険料につき決算整理をおこなった。

（3）X2年4月1日に（2）に関する再振替仕訳をおこなった。

（4）X2年9月30日に1年分の保険料1,200円を現金で支払った。

（1）				
（2）				
（3）				
（4）				

9.3.2　未収収益（収益の未収 → 未収分の請求権 → 資産）

　当期にすでにサービスを提供しているが，契約により，その対価をまだ受取っていない場合があります。サービスを提供した以上，対価を受取ることが自然ですが，契約によって，その受取りを次期以降としています。当然，期中では，対価を受取っていないことから収益を認識していません。そこで，当期に提供したサービスに対応する価額を収益として認識させたいと思います。収益の発生ですから右側（貸方）に記して，左側（借方）に何かしら勘定科目を入れる必要があります。それが，**未収○○○ a/c**（資産）です。未収額分を資産（未収○○○ a/c）とする仕訳を，決算整理でおこないます。

設例 9－5

　10月31日にB社と契約をし，1年間にわたって仲介業務をおこなう。1年分の手数料1,200円は1年後に受取ることになっている（決算日は12月31日）。

　10月31日には仲介業務サービスを提供する契約をしたのみであるため，契約時は仕訳をしません。しかし，10月31日から決算までの2カ月間に，契約にもとづいてサービス

を提供し，かつ契約によって"次期に"対価を受取るので，サービス提供に対する当期分の収益があがっていません。財務諸表を社長の成績表とみた場合を考えれば明らかなように，2カ月分のサービスを当期に提供する一方で，それに該当する収益を次期に認識するのは問題です。そこで，決算日に，当期分の収益を計上する仕訳をします。そのさい，将来，手数料を受取る権利を示す**未収手数料** a/c（資産）を使います。

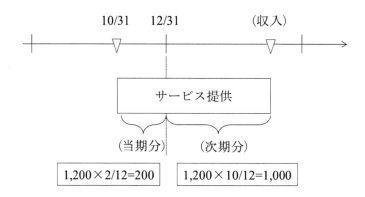

（期中：10/31）「仕訳なし」

（決算：12/31）**未収手数料** 200 / **受取手数料** 200

　これまでと同様，ここでも，次期期首に再振替仕訳をおこないます。これによって，当期と次期に適切に収益を振分けることができます。

（次期期首：1/1）**受取手数料**　200 / **未収手数料**　200

（期　　中：11/1）**現　　　金** 1,200 / **受取手数料** 1,200

　練習問題9－4

次の一連の取引を仕訳せよ。

（1）10月1日に年利10％で現金1,000円を貸付けた。利息と元本は1年後に受取る。

（2）3月31日に決算整理をおこなった。

（3）4月1日に再振替仕訳をした。

（4）9月30日に貸付にともなう元利を現金で受取った。

(1)				
(2)				
(3)				
(4)				

練習問題９－５

次の決算整理仕訳をせよ。

（１）保険料の前払分500円につき決算整理をおこなう。

（２）家賃の前受分400円につき決算整理をおこなう。

（３）支払利息の未払分2,000円につき決算整理をおこなう。

（４）給料の未払分1,000円につき決算整理をおこなう。

（５）手数料の未収分100円につき決算整理をおこなう。

(1)				
(2)				
(3)				
(4)				
(5)				

第９章　章末問題

章末問題９－１

資料をもとに決算整理仕訳と再振替仕訳をせよ（決算日は３月31日）。

（１）12月１日にこの先１年分の保険料1,200円を支払っている。

（２）11月１日にこの先半年分の家賃6,000円を受取っている。

（３）10月１日に銀行から年利10％で1,000円を借入れているが，利息支払は１年後である。

（４）11月１日に1,200円を貸付け，年利10％を１年後に受取ることになっている。

（５）上記（１）に関する再振替仕訳をせよ。

（６）上記（２）に関する再振替仕訳をせよ。

（７）上記（３）に関する再振替仕訳をせよ。

（８）上記（４）に関する再振替仕訳をせよ。

(1)				
(2)				
(3)				
(4)				
(5)				
(6)				
(7)				
(8)				

第10章

精算表の作成

　この章では新たな取引について，仕訳を覚える必要はありません。むしろ，これまで学習してきた決算整理の手続きを中心に，試算表から貸借対照表と損益計算書を作成するまでの流れを，精算表というひとつの表にまとめて整理する方法を学びます。

（1）精算表とは
（2）精算表の作成手順
（3）決算整理事項

10.1　精算表とは

　第4章で勉強した「試算表」は，**月末**において，仕訳や帳簿への転記ミスを洗い出すために，帳簿とは別に作成される書類でした。これに対し「精算表」は，**決算**の手続きにおいて，試算表をもとにふたつの財務諸表（貸借対照表と損益計算書）を作成するものです。試算表と同様に，これも帳簿上の処理ではありません。あくまでも，財務諸表を作成するにあたり，ミスをなくすようにチェックするための書類です[1]。

　ただし，決算においては，期中に処理されなかった取引（すなわち決算整理前残高試算表には反映されていない取引）を処理するための「決算整理仕訳」が行われるので，これをもとに試算表に修正を加えなければならなりません。したがって，精算表にも決算整理仕訳の内容が反映されることになります。これらをふまえると，精算表の作成には，次の4つの要素が含まれることになります。

　1．試算表（決算整理前残高試算表）
　2．修正記入（決算整理仕訳）
　3．損益計算書
　4．貸借対照表

　これら4つの要素を含んだ精算表を "8桁精算表" といいます。8桁精算表には，"試算

1）精算表の作成は帳簿外の処理です。簿記の手続きとして，このような書類を作成するのは，複雑な決算手続きをいきなり帳簿に行うと間違いを犯しやすいからでしょう。

表"“修正記入"“損益計算書"“貸借対照表"の４項目について，それぞれ左側と右側に分けた計８列の記入欄が設けられています。決算の手順に沿って作成するため，左のから順に，右へと数字を記入していくことになります（なお，８桁精算表以外に"６桁精算表"や"10桁精算表"も存在しますが，基本的には８桁精算表を作成できるようになれば問題ないので，ここでは省略します）。

精算表

	試算表		修正記入		損益計算書		貸借対照表	
	左側	右側	左側	右側	左側	右側	左側	右側
現　　　　金								
当 座 預 金								
売 　掛 　金								
受 取 手 形								
…								

10.2　精算表の作成手順

　次に，精算表の具体的な作成手順についてみていきましょう。精算表は，主に次の５つの手順をふんで作成します。

① 試算表欄を記入する。
② 修正記入欄に決算整理仕訳を記入する。
③ 修正記入欄を反映させて損益計算書と貸借対照表欄を記入する。
④ 損益計算書欄の差額で当期純利益を計算する。
⑤ 貸借対照表欄における合計金額の一致を確認する。

　①まずは試算表の欄に，決算整理前残高試算表の金額を記入します。試験問題を解く際には，ここには予め数字が記入されています。②次に，修正記入欄に決算整理仕訳を記入する。試験問題では，これが決算整理事項として文章で与えられるので，それらを仕訳し，修正記入欄に転記します。③さらに，試算表と修正記入を合算し，損益計算書か貸借対照表の該当欄に記入します。

　なお，ここで覚えておきたいのは，試算表の金額に対して，修正記入の金額を反映させる形で，損益計算書と貸借対照表に金額を記入する際のルールです。まず，決算整理前残高試算表の金額に対して，修正記入欄の金額を加減します。その際に，**左側の科目（資産・費用）**については，修正記入欄の**左側の金額を加算**し，**右側の金額を減算**します。逆に，**右側の科目（負債・純資産・収益）**については，修正記入欄の**右側の金額を加算**し，**左側の金額を減算**します[2]。その結果について，費用・収益の科目は損益計算書の欄に，資産・

負債・純資産の科目は貸借対照表の欄に，金額を記入します。

	試算表		修正記入		損益計算書		貸借対照表	
	左側	右側	左側	右側	左側	右側	左側	右側
資 産 勘 定	×××		⊕	⊖			×××	
負 債 勘 定		×××	⊖	⊕				×××
純 資 産 勘 定		×××	⊖	⊕				×××
収 益 勘 定		×××	⊖	⊕		×××		
費 用 勘 定	×××		⊕	⊖	×××			

④損益計算書欄と貸借対照表欄に金額を記入したら，当期純利益を計算します。当期純利益の金額は，まず損益計算書欄の左右の差額で求め，それを損益計算書欄の左側に記入します。⑤さらに，その金額を，そのまま貸借対照表欄の右側へ記入します。最後に，貸借対照表欄の左側と右側の合計金額を計算し，両者が一致することを確認します。

	試算表		修正記入		損益計算書		貸借対照表	
	左側	右側	左側	右側	左側	右側	左側	右側
資 産 勘 定								
負 債 勘 定								
純 資 産 勘 定								
収 益 勘 定								
費 用 勘 定								
当 期 純 利 益					×××			×××
			×××	×××	×××	×××	×××	×××

一致　一致　一致

2）左右で同じ側にあるものは加算し，逆側にあるものは減算すると覚えておくとよいでしょう。

設例 10−1

下記の試算表欄と修正記入欄の金額をもとに，精算表を完成させなさい。

	試算表 左側	試算表 右側	修正記入 左側	修正記入 右側	損益計算書 左側	損益計算書 右側	貸借対照表 左側	貸借対照表 右側
資 産 勘 定	400		⊕ 100	⊖			500	
負 債 勘 定		100	⊖	⊕ 50				150
純 資 産 勘 定		200	⊖	⊕				200
収 益 勘 定		250	⊖	⊕ 100		350		
費 用 勘 定	150		⊕ 50	⊖	200			
当 期 純 利 益					150 ━━━━━━▶			150
					350	350	500	500
							⟵ 一致 ⟶	

練習問題10−1

下記の試算表欄と修正記入欄の金額をもとに，精算表を完成させなさい。

	試算表 左側	試算表 右側	修正記入 左側	修正記入 右側	損益計算書 左側	損益計算書 右側	貸借対照表 左側	貸借対照表 右側
資 産 勘 定	500		200	100				
負 債 勘 定		200						
純 資 産 勘 定		200						
収 益 勘 定		300		200				
費 用 勘 定	200		100					
当 期 純 利 益								

10.3 決算整理事項

　精算表の記入の手順を理解したら，あとは，決算整理仕訳を正しくおこない，それを間違いなく修正記入欄に記入することです。ここでは，決算整理の重要な論点をいくつか取り上げ，修正記入欄への記入を練習しておきましょう。

　精算表の作成において，必ずおさえておかなければならない論点は「売上原価の算定」「貸倒引当金の設定」「減価償却費の計算」です。もちろん，修正記入欄には，会社において行うすべての決算整理仕訳を記入するため，これらの3つに限られたものではありません。ここでは，復習をかねて，あくまで最も重要な論点だけを設例として取り上げておき

ます。あとは，各自でこれまでの章にさかのぼり，決算整理のすべての論点を見直しておいてください。

期首商品棚卸高が100円，当期商品仕入高が500円，期末商品棚卸高が150円である。なお，売上原価は仕入の行で計算すること。

仕　　入 100 / 繰 越 商 品 100
繰 越 商 品 150 / 仕　　　入 150

	試算表		修正記入		損益計算書		貸借対照表	
	左側	右側	左側	右側	左側	右側	左側	右側
…								
繰 越 商 品	100		150	100			150	
…								
仕　　　入	500		100	150	450			
…								

売上原価算定の仕訳をしたら，それを修正記入欄に記入します。そして，この金額を試算表欄の金額に加減します。その結果について，「繰越商品」は資産なので貸借対照表欄の左側に，「仕入」は費用なので損益計算書欄の右側に記入します。

売上原価の算定を行う。期末商品棚卸高は100円である。なお，売上原価は仕入の行で計算すること。

	試算表		修正記入		損益計算書		貸借対照表	
	左側	右側	左側	右側	左側	右側	左側	右側
…								
繰 越 商 品	200							
…								
仕　　　入	800							
…								

設 例 10-3

売掛金残高 1,000 円に対して 3% の貸倒引当金を設定する。なお，貸倒引当金の残高は 10 円であり，差額補充法によって処理する。

貸倒引当金繰入 20 / 貸 倒 引 当 金 20

	試算表		修正記入		損益計算書		貸借対照表	
	左側	右側	左側	右側	左側	右側	左側	右側
…								
貸 倒 引 当 金		10		20				30
…								
貸倒引当金繰入			20		20			
…								

　貸倒引当金設定の仕訳をしたら，それを修正記入欄に記入します。そして，この金額を試算表欄の金額に加減します。その結果について，「貸倒引当金繰入」は費用なので損益計算書の左側に記入します。他方，「貸倒引当金」は評価勘定なので，本来，貸借対照表上では左側に資産の控除項目として表示しますが，精算表上では簡便的に貸借対照表欄の右側に記入します。

練習問題10-3

　売掛金に対して 2% の貸倒引当金を設定する。なお，貸倒引当金の残高は 20 円であり，差額補充法によって処理する。

	試算表		修正記入		損益計算書		貸借対照表	
	左側	右側	左側	右側	左側	右側	左側	右側
売 　 掛 　 金	2,000							
貸 倒 引 当 金		20						
…								
貸倒引当金繰入								
…								

設 例 10-4

建物について，耐用年数 20 年，残存価額ゼロで減価償却を行う。

減 価 償 却 費 10 / 減価償却累計額 10

	試算表		修正記入		損益計算書		貸借対照表	
	左側	右側	左側	右側	左側	右側	左側	右側
建　　物	200						200	
減価償却累計額		30		10				40
…								
減 価 償 却 費			10		10			
…								

　減価償却の仕訳をしたら，それを修正記入欄に記入します。そして，この金額を試算表欄の金額に加減します。その結果について，「減価償却費」は費用なので損益計算書の左側に記入します。他方，「減価償却累計額」は評価勘定なので，本来，貸借対照表上では左側に資産の控除項目として表示しますが，精算表上では簡便的に貸借対照表欄の右側に記入します。

練習問題10－4

　建物について，耐用年数30年，残存価額10％で減価償却を行う。

	試算表		修正記入		損益計算書		貸借対照表	
	左側	右側	左側	右側	左側	右側	左側	右側
建　　物	500							
減価償却累計額		60						
…								
減 価 償 却 費								
…								

　ここまでに，3つの決算整理仕訳を取り上げ，精算表の記入を練習しました。精算表は，つまるところミスをチェックするためのワークシートなので，作成の手順さえ覚えてしまえば，簡単です。あとは，これまでの章で勉強したすべての決算整理手続きをしっかりと復習し，正しい仕訳ができるようになることが重要です。

第10章　章末問題

章末問題10－1

　下記の決算整理事項にもとづいて，精算表を完成させなさい。

（1）期末商品棚卸高は200円である。売上原価は「仕入」の行で計算すること。
（2）売掛金の期末残高に対して2%の貸倒引当金を差額補充法により設定する。
（3）建物（耐用年数10年，残存価額ゼロ）について，定額法により減価償却を行う。
（4）保険料の前払分が50円ある。

精算表

	試算表		修正記入		損益計算書		貸借対照表	
	借方	貸方	借方	貸方	借方	貸方	借方	貸方
現　　　　金	100							
売　掛　金	250							
繰　越　商　品	80							
建　　　　物	480							
買　掛　金		150						
貸　倒　引　当　金		20						
減価償却累計額		100						
資　　本　　金		240						
繰越利益剰余金		50						
売　　　　上		800						
仕　　　　入	400							
保　　険　　料	50							
	1,360	1,360						
貸倒引当金繰入								
減　価　償　却　費								
（　　　　　　）								
当　期　純　利　益								

下記の決算整理事項にもとづいて，精算表を完成させなさい。なお，当社の会計期間は4月1日から3月31日である。

（1）期末商品棚卸高は6,500円である。売上原価は「仕入」の行で計算すること。
（2）受取手形と売掛金の期末残高に対して2%の貸倒引当金を差額補充法により設定する。
（3）建物（耐用年数10年，残存価額ゼロ）について，定額法により減価償却を行う。
（4）受取手数料のうち500円は来期分の金額を事前に受け取っている。
（5）当期の1月1日に1年分の利息を支払った。
（6）毎年8月1日に1年分の家賃を支払っている。

精算表

	試算表 借方	試算表 貸方	修正記入 借方	修正記入 貸方	損益計算書 借方	損益計算書 貸方	貸借対照表 借方	貸借対照表 貸方
現 金	15,200							
当 座 預 金	7,000							
受 取 手 形	16,000							
売 掛 金	9,000							
繰 越 商 品	11,500							
建 物	25,000							
買 掛 金		5,500						
借 入 金		40,000						
貸 倒 引 当 金		150						
減価償却累計額		6,750						
資 本 金		20,000						
売 上		100,000						
受 取 手 数 料		5,500						
仕 入	65,000							
給 料	17,500							
支 払 家 賃	10,000							
支 払 利 息	1,200							
雑 費	500							
	177,900	177,900						
貸倒引当金繰入								
減 価 償 却 費								
未 払 家 賃								
前 受 手 数 料								
前 払 利 息								
当 期 純 利 益								

次の「決算整理事項等」にもとづいて，次ページの精算表を完成しなさい。なお，会計期間は1月1日から12月31日までの1年間である。

[決算整理事項等]

（1）普通預金口座から買掛金840円を支払ったが，この取引の記帳がまだおこなわれていない。

（2）仮払金は，従業員の出張にともなう旅費交通費の概算額を支払ったものである。従業員はすでに出張から戻り，実際の旅費交通費450円を差引いた残額は普通預金口座に預け入れたが，この取引の記帳がまだおこなわれていない。

（3）売掛金の代金450円を現金で受け取ったさいに以下の仕訳を行っていたことが判明したので，適切に処理する。

現 金 450 / 前 受 金 450

（4）売掛金の期末残高に対して2%の貸倒引当金を差額補充法により設定する。

（5）期末商品棚卸高は5,940円である。売上原価は「仕入」の行で計算する。

（6）建物および備品について定額法で減価償却を行う。

　　　・建物：存価格ゼロ　耐用年数30年

　　　・備品：残存価格ゼロ　耐用年数5年

（7）保険料のうち1,800円は10月1日にむこう1年分を支払ったものであり，未経過分を月割で繰延べる。

（8）12月1日に，12月から翌年2月までの3カ月分の家賃1,350円を受け取り，その全額を受取家賃として処理した。したがって，前受分を月割で繰延べる。

（9）給料の未払分が1,350円ある。

[精算表]

	試算表		修正記入		損益計算書		貸借対照表	
	借方	貸方	借方	貸方	借方	貸方	借方	貸方
現　　　　金	2,460							
普　通　預　金	17,070							
売　　掛　　金	7,500							
仮　　払　　金	900							
繰　越　商　品	9,780							
建　　　　物	26,100							
備　　　　品	10,800							
土　　　　地	54,000							
買　　掛　　金		5,940						
前　　受　　金		2,040						
貸　倒　引　当　金		90						
建物減価償却累計額		15,660						
備品減価償却累計額		5,400						
資　　本　　金		55,020						
売　　　　上		155,700						
受　取　家　賃		1,350						
仕　　　　入	70,800							
給　　　　料	37,500							
通　　信　　費	1,050							
旅　費　交　通　費	840							
保　　険　　料	2,400							
	241,200	241,200						
貸倒引当金繰入								
減　価　償　却　費								
(　　　　)保険料								
前　受　家　賃								
未　払　給　料								
当　期　純　利　益								

第11章

取引の記録の仕組み

　ここまできたみなさんは，すでに簿記の本質を理解していますので，貸借対照表や損益計算書がどのようにして作成されるのか，こうした決算書が何を意味するのか，おおよそ，知識はあるでしょう。たしかに，他社の資産をリースする，海外の会社と取引する，他の会社を支配して子会社とするなど，まだまだ，よく理解できない会社の取引はあると思います。決算書から情報を抽出する方法についても，さらなる学習が必要でしょう。しかし，そうした知識の基礎となる土台は，すでに習得できています。とはいえ，本質的ではないものの，形式的な習慣として知っておくべきものもあります。そうしたものの一部をみていくのが本章ですが，そのポイントは以下の通りです。

（1）仕訳帳や総勘定元帳以外の，メモ帳の存在
（2）実際に使用されている帳簿の形式
（3）伝票会計の流れと処理

11.1　主要簿と補助簿
11.1.1　主要簿
　これまで，何度もみてきた，仕訳帳や総勘定元帳は，貸借対照表や損益計算書を作成するためのコアなメモ帳であり，主要簿と呼ばれます。決算書を作成するために必須の帳簿であり，決算書ができるまでの過程はすでに確認済みです。ただ，本質を理解しているみなさんなら，惑わされることはないでしょうが，これらの帳簿は，実務では，少し，複雑な形式をしています。

11.1.1.1　仕訳帳
　すでに3章で確認していますが，仕訳帳は，すべての取引を発生順に記録する帳簿で，左右に分かれています。この左側を**借方**（"かりかた"と読みます），右側を**貸方**（"かしかた"と読みます）と呼ぶこともあります。そのネーミングに本質的な意味を考える必要はありません。また，これまでは，仕訳帳といえば，左右それぞれに，勘定科目とその金額を記入するだけでしたが，実務では，以下のような形式になっています。

161

日付		摘　　　要	元丁	借　方	貸　方
3	1	（現　　　金）	1	100	
		（売　　上）	22		100
		A 会社に商品 G を売上げ			
	4	（備　　品）　　　　　諸　　口	10	1,000	
		（現　　金）	1		400
		（未 払 金）	19		600
		S 社からパソコンを購入			

「日付」は，取引の日にち，「摘要」は，仕訳の勘定科目や，取引の概要をメモした小書き，「借方」と「貸方」は，それぞれ金額を記入します。「元丁」は，転記先の総勘定元帳の番号を記録するのですが，それは総勘定元帳のところで改めて説明します。難しそうにみえるかもしれませんが，本質を理解しているみなさんなら，大丈夫だと思います。

11.1.1.2　総勘定元帳

仕訳帳の情報は，総勘定元帳に転記されます。下図のように，仕訳の左側の数字は，総勘定元帳にある T 勘定の左，右側の数字は，T 勘定の右に転記しました。ただ，3 章の補足説明でもちょっと触れましたが，実際は，もう少し複雑です。下図では，T 勘定に記載する数字の左側に，現金やら売上やら，勘定科目が書かれています。これは，相手勘定といって，それぞれの仕訳の，相手の勘定科目です。もちろん，大切なのは，これまで学習したように数字の記録です。下図の当座預金の T 勘定は，3/1 に 100 円，3/6 に 800 円増加し，3/9 日に 300 円減少していることを読み取ることが重要です。数字の横に相手勘定を示すのは，T 勘定のみから，その取引の仕訳が推定できるようにしているだけです。

3/1　当 座 預 金 100 / 現　　　金 100
3/6　当 座 預 金 800 / 売　　　上 800
3/9　支 払 手 形 300 / 当 座 預 金 300

当座預金

3/1　現　　　金　　100	3/9　支払手形　　300
3/6　売　　　上　　800	

さらには，実務の総勘定元帳の形式も，下にあるように，ちょっと複雑です。下の図は，それぞれ標準式，残高式といわれていますが，「日付」には日にち，「摘要」は勘定科目を記入します。「仕丁」は，住所の何丁目と同じで，"仕" 訳帳のページ番号（右上に示してあります）を記載し，どこの仕訳帳から情報が転記されたかを示します。ちなみに，仕訳帳にあった「元丁」は，仕訳帳の情報を，どこの総勘定 "元" 帳の勘定科目に転記するか

を示します。仕訳帳では情報をどこに転記するか，総勘定元帳では情報がどこから転記されたかを「元丁」「仕丁」が示すというわけです。

（標準式）

当座預金　　　　　　　　　　　2 ← 「元丁」

日付		摘要	仕丁	借方	日付		摘要	仕丁	貸方
3	1	現　　金	1	100	3	9	支払手形	1	300
	6	売　　上	1	800					

（残高式）

当座預金　　　　　　　　　　　2 ← 「元丁」

日付		摘要	仕丁	借方	貸方	貸/借	残高
3	1	現　　金	1	100		借	100
	6	売　　上	1	800		〃	900
	9	支払手形	1		300	〃	600

11.1.2　補助簿

　これまでは，取引内容をメモするのは，仕訳帳と総勘定元帳のみで，それらから，貸借対照表と損益計算書を作成していました。ただ，さすがに，会社を経営するうえで，これだけのメモで十分だとはいきません。掛取引があったとしても，誰との，いつの，何を取引したときのものか，売上げや仕入れの取引の詳細，商品在庫の管理，固定資産の管理など，いろいろと記録すべき情報は多そうです。そこで，実務では，一部の勘定科目に関する取引や残高の詳細をメモする**補助簿**が，会社の取引の状況に応じて，存在しています。

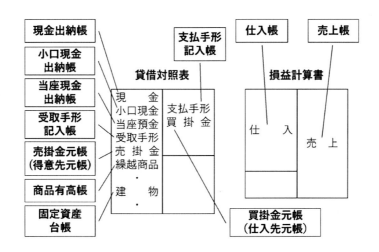

　厳密には，貸借対照表は外部に公表するもので，会社内部の帳簿に使用される勘定科目とは必ずしも表記が同じとは限りませんが[1]，補助簿によってどの勘定科目の詳細がメモ

されるのか，上図で確認してください。やはり，お金関連と，会社のメインの活動である商品売買関連が多いですね。具体的な補助簿の一部を紹介しますが，みなさんはすでに簿記の本質は習得済みですので，大丈夫です。補助簿の具体的な形式は，あくまで慣習として，そうしたメモ帳が存在するというだけですので，気軽に確認すればよいでしょう。

現金出納帳　　　　　　　　　　　　1

日付		摘　要	収　入	支　出	残　高
3	1	前月繰越	10,000		10,000
	2	仕入　　B店からネジ10本		1,000	9,000
	4	消耗品費　　鉛筆40本		2,000	7,000

小口現金出納帳

受入	日付		摘要	支払	内　訳			
					交通費	通信費	消耗品費	雑費
10,000	3	1	前週繰越					
		2	電車代	100	100			
		4	新聞代	90				90
		〃	ノート代	200			200	
		5	タクシー代	500	500			
		6	切手代	80		80		
		8	合計	970	600	80	200	90
970		〃	本日補給					
		〃	次週繰越	10,000				

　上記は，現金a/cに関する取引の詳細をメモする現金出納帳と，小口現金a/cの詳細である小口現金出納帳の例です。これをみれば，いつ，どのような理由で増減したのかわかります。小口現金出納帳は，支払の内訳が示されていることによって，一見，複雑そうにみえますが，左端の「受入」と真ん中の「支払」に着目すれば，やはり増減の詳細を示しただけだということがわかります。

1）たとえば売上a/cを「**売上高**」，繰越商品a/cを「**棚卸資産**」といったりしますし，小口現金a/cや当座預金a/cは，現金a/cと合わせて，「**現金預金**」と表現されることもあります。勘定科目は，一言一句正確に記憶せよとか言われていたのに，なんだそれ！って思った方もいると思いますが，内部の帳簿内の齟齬があったら大変ですが，外部に情報を公開するときは，多少，お化粧するのだと理解してください。

売掛金元帳

札幌商店　　　　　　　　　　　　2

日付		摘要	借方	貸方	貸／借	残高
3	1	前 月 繰 越	100		借	100
	6	売 　 上	800		〃	900
	9	現 　 金		300	〃	600

　売掛金元帳は，得意先元帳ともいわれますが，売掛金a/c について，それぞれ相手ごとに詳細をメモしようというものです。お金の回収は，重要な作業なので，相手ごとにしっかりと管理しなければならないので，買掛金元帳も含めて，こうした補助簿が存在するのは容易に想像できますね。

商品有高帳

商品 A

日付		摘要	受入			払出			残高		
			数量	単価	金額	数量	単価	金額	数量	単価	金額
4	1	前月繰越	10	200	2,000				10	200	2,000
	2	仕入	50	218	10,900				60	215	12,900
	5	売上				20	215	4,300	40	215	8,600

　商品有高帳は，商品ごとの在庫を管理する補助簿で，受入と払出について，原価で記録されています。実際の物流の流れに関わらず，先に仕入れた商品から払い出すと仮定する**先入先出法**や，上記の商品有高帳のような，仕入のたびに平均単価を計算する**移動平均法**などによって，商品の管理記録がされます。

設　例 11−1

　以下の取引は，主要簿の他，どの補助簿に記入されうるか，該当する帳簿に〇をつけよ。

（1）前期発生の甲社への売掛金 100 円が貸倒れた（貸倒引当金の残高は 60 円）。

（2）商品 A を乙社に 100 円で売上げ，10 円は受注時の内金と相殺し，現金 20 円を受取り，残額は掛とした。

（3）建物を 500 円で購入し，代金は小切手で支払った。なお，仲介料 30 円を現金で支払っている。

（4）商品 B を丙社から仕入れ，約束手形 100 円を振り出した。

（5）丁社に対する買掛金 100 円について，50 円は小切手を振り出し，20 円は現金，残額は他社の発行した商品券で支払った。

	現金 出納帳	当座預金	商品 有高帳	売掛金 元帳	買掛金 元帳	支払手形 記入帳	仕入帳	売上帳	固定資産 台帳	該当なし
(1)				○						
(2)	○		○	○				○		
(3)	○	○							○	
(4)			○			○	○			
(5)	○	○			○					

　まずは，以下のように，それぞれの取引を仕訳してみましょう。使用される勘定科目と関連する補助簿を把握すれば解答できます。（1）は売掛金の減少ですので売掛金元帳ですね。商品は動いていません。（2）は現金，売掛金，売上がそれぞれ補助簿と関連していますが，商品を売っていますので商品有高帳も関連します。商品関連は，受入も払出も商品有高帳に記載されますが，必ずしも，勘定科目として仕訳にでてこないことがあるので気をつけましょう。（3）は建物が固定資産なのと，当座預金，現金の変化に着目すれば解答できますね。（4）は仕入と，支払手形ですね。商品も増加していますので商品有高帳を忘れないようにしましょう。（5）は，買掛金，現金，当座預金が関連していますが，商品は動いていませんので，商品有高帳には記載されません。

```
（1）貸倒引当金　60 ／ 売　掛　金 100
　　　貸 倒 損 失　40
（2）前　受　金　10 ／ 売　　　　上 100
　　　現　　　金　20
　　　売　掛　金　70
（3）建　　　　物 530 ／ 当 座 預 金 500
　　　　　　　　　　　　　 現　　　　金　30
（4）仕　　　　入 100 ／ 支 払 手 形 100
（5）買　掛　金 100 ／ 現　　　　金　20
　　　　　　　　　　　　 当 座 預 金　50
　　　　　　　　　　　　 受 取 商 品 券　30
```

練習問題11－1

　以下の取引は，主要簿の他，どの補助簿に記入されうるか，該当する帳簿に○をつけよ。
（1）A社に対する売掛金400円が当座預金に振り込まれた。
（2）B社に売上げた商品のうち200円分が返品され，掛代金から控除した。
（3）C社から商品Xを300円仕入れ，代金は掛とした。なお，引取運賃30円を当社
　　　負担として現金で支払った。
（4）株主総会で配当100円が決議された。
（5）現金100円を当座預金に振り込んだ。

	現金 出納帳	当座預金	商品 有高帳	売掛金 元帳	買掛金 元帳	支払手形 記入帳	仕入帳	売上帳	固定資産 台帳	該当なし
(1)										
(2)										
(3)										
(4)										
(5)										

11.2 伝票

　会社が大きくなれば，部門や部署が増設され，経理部門にある仕訳帳1冊だけで対応するのは大変です。経理が，各部門の収支等を内線電話やメールで収集し，すべて仕訳帳に記入するのはさすがに効率が悪そうです[2]。だからといって，複数の仕訳帳を用意すれば，どの仕訳帳に記載したのか忘れてしまったり，別のだれかが記載するだろうといって記入漏れが起きたり，重複があったりなと，ミスが生じやすくなりそうです。この点，仕訳帳の代わりに，各部署に，紙切れの束である**伝票**を設置し，それぞれの部署の経理担当が伝票を起票後，経理部門で集計し，結果を総勘定元帳に転記できれば効率化できます。

入金伝票　　　　　　　XX年4月1日

勘定科目	摘　要	金　額
売　上	商品A10個　@10円	100
	合計	100

振替伝票　　　　　　　　　　　　　　XX年4月1日

借　方	金　額	摘　要	貸　方	金　額
売掛金	900	商品B3個　@300円	売　上	900
	900	合計		900

出金伝票　　　　　　　XX年4月1日

勘定科目	摘　要	金　額
備　品	パソコン1台	1,000
	合計	1,000

　特に三伝票制では，現金の入金があればすべて**入金伝票**に，現金の出金があればすべて**出金伝票**に，それら以外は**振替伝票**に取引内容をメモするというものです。仕訳帳というノートではなく，上記のような紙切れにメモすれば集めやすいですね。この3種類の伝票を，事前に各部署に配布し，各部署に取引ごとに起票させます。1日が終了後，経理が集めて集計し，経理部門で，総勘定元帳に転記するという流れになります。

　ところで，上記の入金（出金）伝票の勘定科目の欄をみてください。仕訳でしたら，少なくとも，左右ふたつ勘定科目を記さないといけないのに，勘定科目の欄が一列なのはなぜでしょう？　大丈夫ですよね。入金（出金）伝票なら，仕訳した場合の左（右）側が現

2）もっとも，現在ではパソコンソフトでなんとでもなりそうな気はします。

金 a/c なのは当たり前で記入の必要がないからです。振替伝票は，左右に二列の勘定科目と金額を記載する欄があり，仕訳と本質的に同じです。

11.2.1　一部現金取引

　基本的には，すべての取引を，仕訳帳ではなく，伝票で記録できますが，戸惑う取引がないわけではありません。それは，取引の一部が現金でなされる取引です。たとえば，商品の売上時，一部は掛売上で，一部は現金を受取った場合，伝票会計では，どのように起票したらよいでしょうか？　ちなみに，仕訳は以下のようなものです。

$$現\quad 金\ 30\ /\ 売\qquad 上\ 100$$
$$売\ 掛\ 金\ 70$$

　実は，この場合，（1）**取引を分割する方法**と，（2）**取引を擬制する方法**という，ふたつの起票の方法があるので注意してください。取引を分割する方法は，直感的な方法でわかりやすく，現金が関係する部分と，それ以外の部分に取引を分ける方法です。上記の仕訳なら，現金 30 / 売上 30 の部分と，売掛金 70 / 売上 70 の部分に取引を分けて，それぞれ，入金伝票と振替伝票を起票します。

入金伝票		
売　上	30	

振替伝票		
売掛金	70	売　上	70

　一方，取引を擬制する方法では，いったん，すべて現金以外の取引があったと"みなし"，即座に，その一部が現金で決済されたと仮定して起票します。上記であれば，すべて 100 円分の掛売上があり，即座に，売掛金 30 だけ現金を回収したと"みなし"て，伝票を作成するわけです[3]。上記の仕訳でいえば，現実はさておき，いったん，振替伝票を起票（仕訳なら売掛金 100 / 売上 100）し，同時に，相手勘定を売掛金とする入金伝票を起票（仕訳なら現金 30 / 売掛金 30）するわけです[4]。下記が取引を擬制する方法で起票した伝票ですが，取引を分割する方法による伝票との違いを確かめてください。

入金伝票		
売掛金	30	

振替伝票		
売掛金	100	売　上	100

3）なお，ネットや市販の資格対策のテキスト等で，この方法を「いったん掛取引とみなす方法」として紹介されることが多々ありますが，それだと，商品以外の取引ではこの方法は使えないということになりますので注意してください。商品取引以外は「掛取引」ではありませんよね。

4）なお，いったん全額現金売上 100 があったと仮定できなくもないですが，その後の売掛金 70 を現金で購入したと仮定するのはさすがに無理がありますので，通常はやらない擬制になります。

練習問題11－2

建物 1,000 円を購入し，代金のうち 400 円は現金を支払い，残りは後日支払う。この取引を，取引を分割する方法と，取引を擬制する方法で，それぞれ，起票せよ（3 伝票制）。なお，どの伝票に何を記入するかは各自推定せよ。

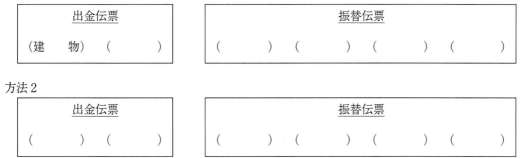

方法1

出金伝票			振替伝票						
（建　物）	（　　　）	（　　　）	（　　　）	（　　　）	（　　　）	（　　　）	（　　　）

方法2

出金伝票			振替伝票						
（　　　）	（　　　）	（　　　）	（　　　）	（　　　）	（　　　）	（　　　）	（　　　）

11.2.2　仕訳日計帳と転記

伝票制では，仕訳帳を設けず，それぞれ，各部署で日々の取引が伝票にメモされ，日ごとに，経理部門に集められ，**仕訳日計表**に集計されます。伝票の情報の本質は仕訳と同じですので，左と右（借方と貸方）のふたつの情報があり，それらを勘定科目ごとに集計してひとつの表に集計するわけです。仕訳日計表からその情報が総勘定元帳に転記され，その後の期末の試算表からの流れは，すでに3章で学習しています。なお，前節で補助簿を学習しましたが，下図のように，基本的には，補助簿の記入は，伝票をもとにしていることに注意してください。総勘定元帳から補助簿ではなく，伝票から補助簿に情報が伝達するのが通常です。たとえば，得意先元帳は，会社ごとの売掛金を管理する補助簿ですので，伝票にその情報がすでに記載されていますので，仕訳日計表や総勘定元帳ではなく，伝票から転記されるのです。

設 例 11－2

当社は，3 伝票制を採用し，毎日，仕訳日計表に集計している。以下の伝票につき，本日 1/1 の仕訳日計表を作成し，得意先元帳と仕入先元帳に転記せよ。

入金伝票		No.1		出金伝票		No.10
売掛金 （柏商事）		100		買掛金 （守谷商事）		500

入金伝票		No.2		出金伝票		No.11
備品		100		未払金		400

振替伝票					No.20
未収入金	200		土地		200

　まずは，それぞれの伝票の左右（仕訳でいう借方と貸方）の情報を把握し，それを仕訳日計表に集計しましょう。たとえば，入金伝票は2枚ありますが，"左"の情報は"現金"で，合計で200ですね。仕訳日計表の借方に200と記入しましょう。"右"の情報は，それぞれ売掛金と備品になりますので，こちらも仕訳日計表に記入していきます。集計ミスのないように，"左"の情報を転記したら，伝票の左側に✔，"右"の情報を転記したら伝票の右側に✔をつけるとよいかもしれません。なお，仕訳日計表は，あくまで，1日の取引を集計するだけです。会社の資産，負債，純資産，収益，費用がすべて記載されるわけではありませんので，誤解しないようにしてください。

仕訳日計表

X1年1月1日　　　　　　　　　　　　　　　　　　　　　　　　No.1

借方	元丁	勘定科目	元丁	貸方
200		現金		900
		売掛金		100
200		未収入金		
	（略）	備品	（略）	100
		土地		200
500		買掛金		
400		未払金		
1,300				1,300

　次に，伝票番号No.1とNo.10は，売掛金と買掛金の増減ですので，会社別に売掛金と買掛金を管理している得意先元帳と仕入先元帳へ転記します。これは伝票から直接転記するのでしたね。ですので，下記の補助簿の仕丁欄は伝票の番号が記載されていることを確認してください。くれぐれも，外見はとても似ていますが，これらは補助簿であって，総勘定元帳ではないことに注意してください。補助簿は，会社名が記載されていますが，総勘定元帳は，あくまで売掛金と買掛金の金額のみです。

得意先元帳

柏商事 　　　　　　　　　　　　　　　　　　　　　 2

日付		摘要	仕丁	借方	貸方	貸／借	残高
1	1	前 月 繰 越	✔	500		借	500
	1	入 金 伝 票	1		100	〃	400

仕入先元帳

守谷商事 　　　　　　　　　　　　　　　　　　　　　 2

日付		摘要	仕丁	借方	貸方	貸／借	残高
1	1	前 月 繰 越	✔		700	貸	700
	1	出 金 伝 票	10	500		〃	200

練習問題11−3

　当社は，3伝票制を採用し，毎日，仕訳日計表に集計している。以下の伝票につき，本日4/2の仕訳日計表を作成し，千葉商事（得意先元帳）と茨城商店（仕入先元帳）に転記せよ。

入金伝票	No.11
売掛金（千葉商事）	100

入金伝票	No.12
貸付金	200

入金伝票	No.13
土地	300

出金伝票	No.20
買掛金（茨城商事）	500

出金伝票	No.21
支払手形	400

振替伝票			No.30
売掛金（千葉商事）	300	売上	300

仕訳日計表

X1年4月2日 　　　　　　　　　　　　　　　　　　　　　 No.1

借方	元丁	勘定科目	元丁	貸方
	（略）		（略）	

得意先元帳

千葉商事　　　　　　　　　　　　　　　　　1

日付		摘要	仕丁	借方	貸方	貸／借	残高
4	1	前 月 繰 越	✔	1,000		借	1,000

仕入先元帳

茨城商事　　　　　　　　　　　　　　　　　1

日付		摘要	仕丁	借方	貸方	貸／借	残高
4	1	前 月 繰 越	✔		700	貸	700

第 11 章　章末問題

章末問題11－1

以下の取引は，主要簿の他，どの補助簿に記入されうるか，該当する帳簿に○をつけよ。

（1）新潟商事に対する売掛金 1,000 円を小切手で回収した。

（2）青森商店に商品 100 円を売上げ，40 円は現金で，残額は他社発行商品券を受取った。

（3）岩手商事より商品 400 円を仕入れ，代金のうち 100 円は約束手形を振り出し，残額は掛とした。

（4）建物 100 円を購入し，代金は後日支払うこととした。

（5）前年度発生の売掛金 40 円が貸倒れた。なお，貸倒引当金は 200 円ある。

	現金出納帳	当座預金	商品有高帳	売掛金元帳	買掛金元帳	支払手形記入帳	仕入帳	売上帳	固定資産台帳	該当なし
(1)										
(2)										
(3)										
(4)										
(5)										

章末問題11－2

商品 900 円を購入し，代金のうち 400 円は現金を支払い，残りは後日支払う。なお，この際，当店負担の引取運賃 100 円を現金で支払っている。この取引を，取引を分割する方法と，取引を擬制する方法で，それぞれ，起票せよ（3 伝票制）。なお，どの伝票に何を記入するかは各自推定せよ。

方法1

出金伝票		
（仕　入）　（　　　）		

振替伝票			
（　　　）　（　　　）　（　　　）　（　　　）			

方法2

出金伝票		
（買　掛　金）　（　　　）		

振替伝票			
（　　　）　（　　　）　（　　　）　（　　　）			

章末問題11－3

　当社は，3伝票制を採用し，毎日，仕訳日計表に集計している。以下の伝票につき，本日5/2の仕訳日計表を作成し，東京商事（得意先元帳）と埼玉商店（仕入先元帳）に転記せよ。

入金伝票	No.11
売掛金（東京商事）	100

出金伝票	No.20
買掛金（埼玉商事）	500

入金伝票	No.12
貸付金	200

出金伝票	No.21
支払手形	400

入金伝票	No.13
受取利息	300

出金伝票	No.22
給料	200

振替伝票		No.30
売掛金（東京商事）　300	売上	300

振替伝票		No.31
仕入　300	買掛金（埼玉商事）	300

仕訳日計表

X1年5月2日　　　　　　　　　　　　　　　　　　　No.1

借方	元丁	勘定科目	元丁	貸方
	（略）		（略）	

得意先元帳

東京商事   1

日付		摘要	仕丁	借方	貸方	貸/借	残高
5	1	前 月 繰 越	✔	2,000		借	2,000

仕入先元帳

埼玉商事   1

日付		摘要	仕丁	借方	貸方	貸/借	残高
5	1	前 月 繰 越	✔		1,000	貸	1,000

《著者紹介》

鈴木大介　担当：第1章，第6章，第7章，第11章
　　東京都立大学経済学部卒業
　　東京都立大学大学院社会科学研究科経済政策専攻修士課程修了
　　東京都立大学大学院社会科学研究科経済政策専攻博士課程修了
　　現職：麗澤大学経済学部教授

藤野真也　担当：第2章，第5章，第10章
　　京都大学経済学部卒業
　　京都大学経営管理大学院修了
　　麗澤大学経済研究科博士課程修了
　　現職：麗澤大学国際学部准教授

寺本佳苗　担当：第8章，第9章
　　麗澤大学国際経済学部国際経済学科卒業
　　立教大学大学院21世紀社会デザイン研究科修士課程修了
　　麗澤大学大学院国際経済研究科博士課程修了
　　現職：麗澤大学経済学部教授

森田龍二　担当：第3章，第4章
　　法政大学経済学部経済学科卒業
　　早稲田大学大学院経済学研究科修士課程修了
　　現職：麗澤大学経済学部准教授

（検印省略）

2021年4月20日　初版発行
2023年4月20日　改訂版発行　　　　　　　　　略称─スタートブック

簿記スタートブック ［改訂版］

　　　　　著　者　鈴木大介・藤野真也
　　　　　　　　　寺本佳苗・森田龍二
　　　　　発行者　塚田尚寛

　　発行所　東京都文京区　　　**株式会社 創成社**
　　　　　　春日2-13-1
　　　　　　電　話 03（3868）3867　　　ＦＡＸ 03（5802）6802
　　　　　　出版部 03（3868）3857　　　ＦＡＸ 03（5802）6801
　　　　　　http://www.books-sosei.com　　振　替 00150-9-191261

定価はカバーに表示してあります。

簿記・会計選書

簿 記 ス タ ー ト ブ ッ ク	鈴木 大介 藤野 真也苗 寺本 佳也 森田 龍二	著	1,700 円
学 部 生 の た め の 企 業 分 析 テ キ ス ト ―業界・経営・財務分析の基本―	髙橋 聡 髙川 裕徳 福浦 敬	編著	3,200 円
日 本 簿 記 学 説 の 歴 史 探 訪	上 野 清 貴	編著	3,000 円
全 国 経 理 教 育 協 会 公式 簿記会計仕訳ハンドブック	上 野 清 貴 吉 田 智 也	編著	1,200 円
人 生 を 豊 か に す る 簿 記 ― 続・簿 記 の ス ス メ ―	上 野 清 貴	監修	1,600 円
簿 記 の ス ス メ ― 人 生 を 豊 か に す る 知 識 ―	上 野 清 貴	監修	1,600 円
現代の連結会計制度における諸課題と探求 ― 連 結 範 囲 規 制 の あ り 方 を 考 え る ―	橋 上 徹	著	2,650 円
非 営 利 ・ 政 府 会 計 テ キ ス ト	宮 本 幸 平	著	2,000 円
ゼ ミ ナ ー ル 監 査 論	山 本 貴 啓	著	3,200 円
I F R S 教 育 の 実 践 研 究	柴 健 次	編著	2,900 円
I F R S 教 育 の 基 礎 研 究	柴 健 次	編著	3,500 円
投 資 不 動 産 会 計 と 公 正 価 値 評 価	山 本 卓	著	2,500 円
新 ・ 入 門 商 業 簿 記	片 山 覚	監修	2,350 円
新 ・ 中 級 商 業 簿 記	片 山 覚	監修	1,850 円
管 理 会 計 っ て 何 だ ろ う ―町のパン屋さんからトヨタまで―	香 取 徹	著	1,900 円
税 務 会 計 論	柳 裕 治	編著	2,550 円
は じ め て 学 ぶ 国 際 会 計 論	行 待 三 輪	著	1,900 円
監 査 の 原 理 と 原 則	デヴィッド・フリント 著 井 上 善 弘 訳		2,400 円

(本体価格)

創 成 社